増補新版

ザ・ママの研究

信田 さよ子

よりみちパン!セ

Let's try!

あなたのママはどのタイプ？

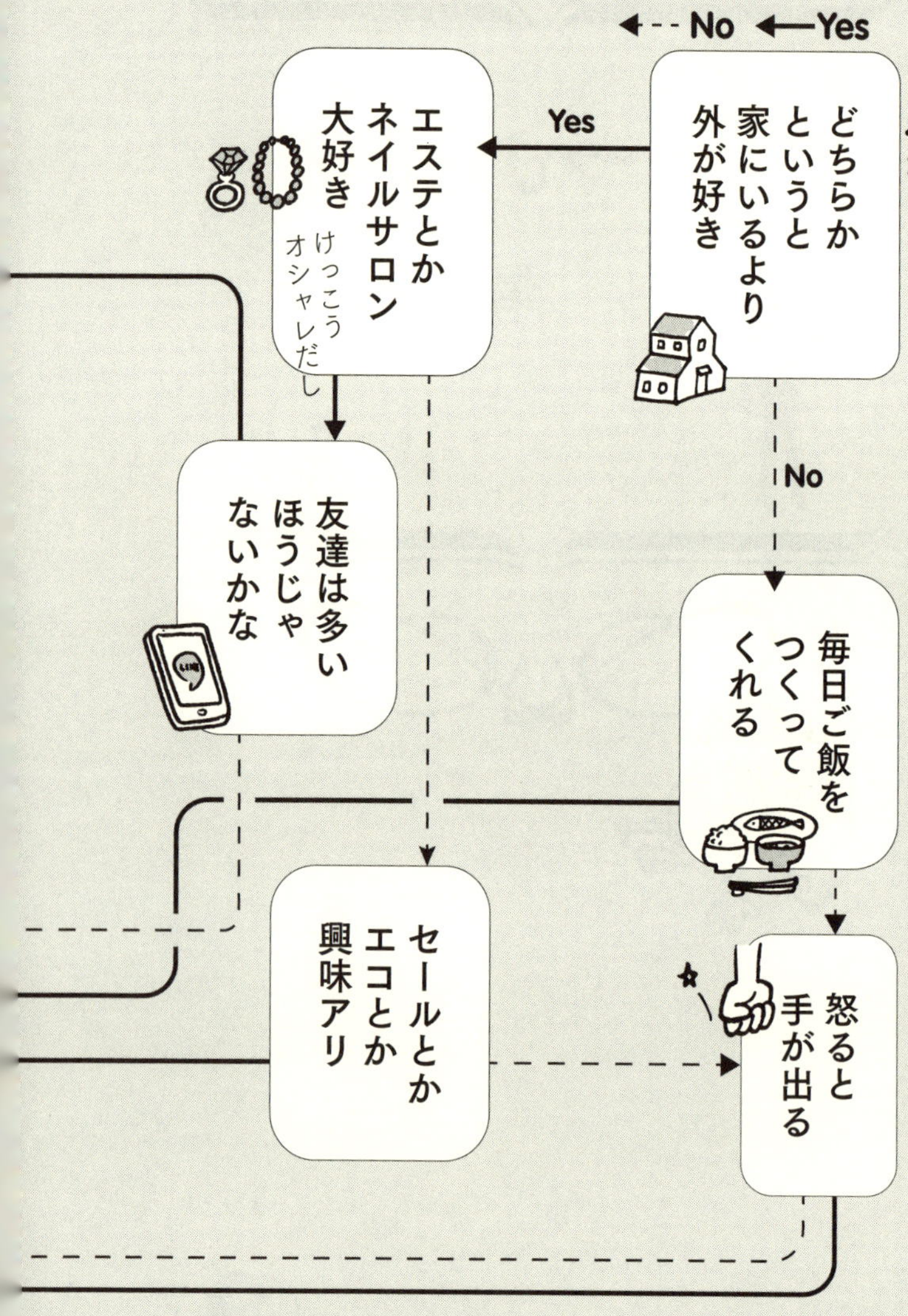

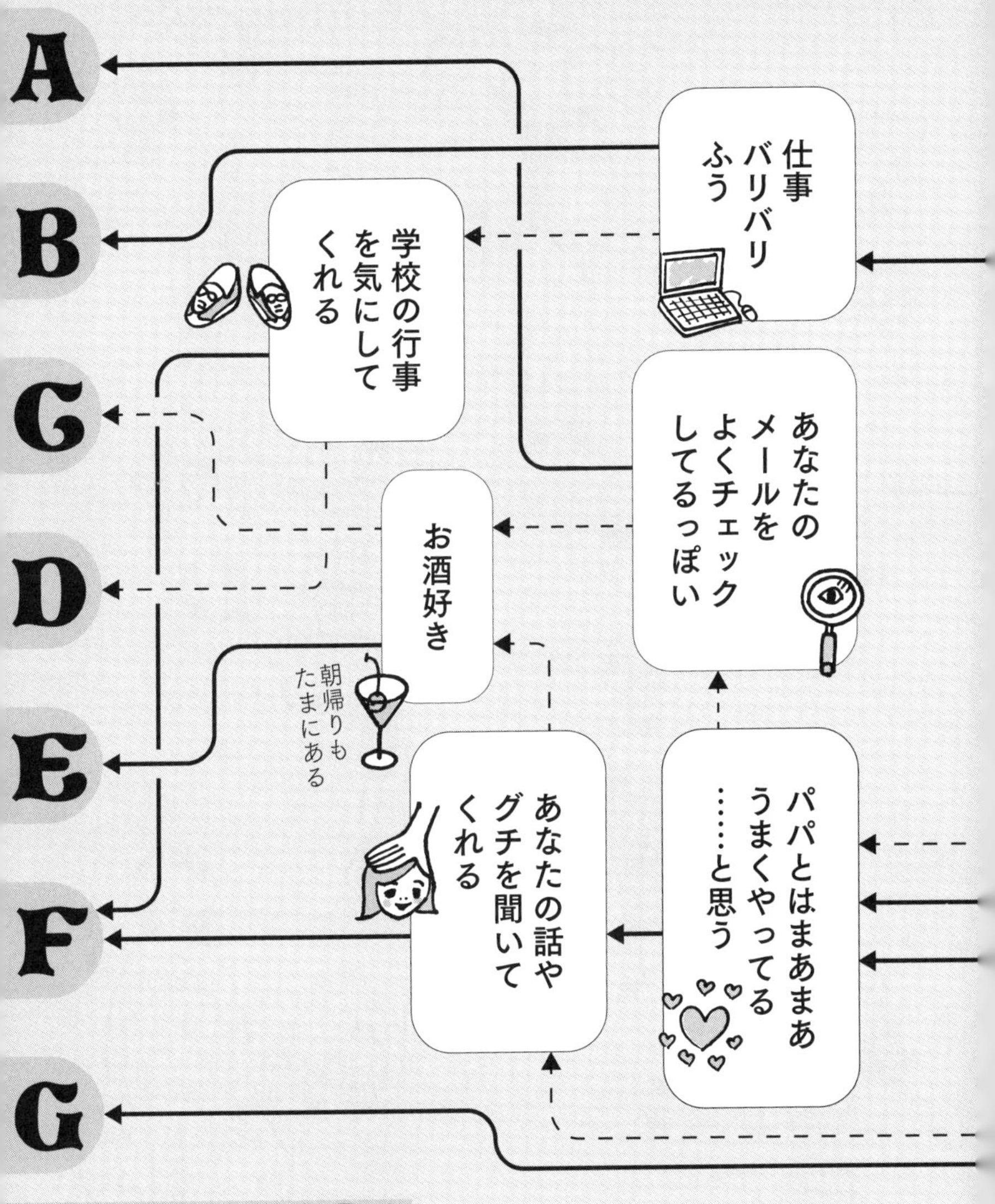

各タイプの説明は次ページを見てね

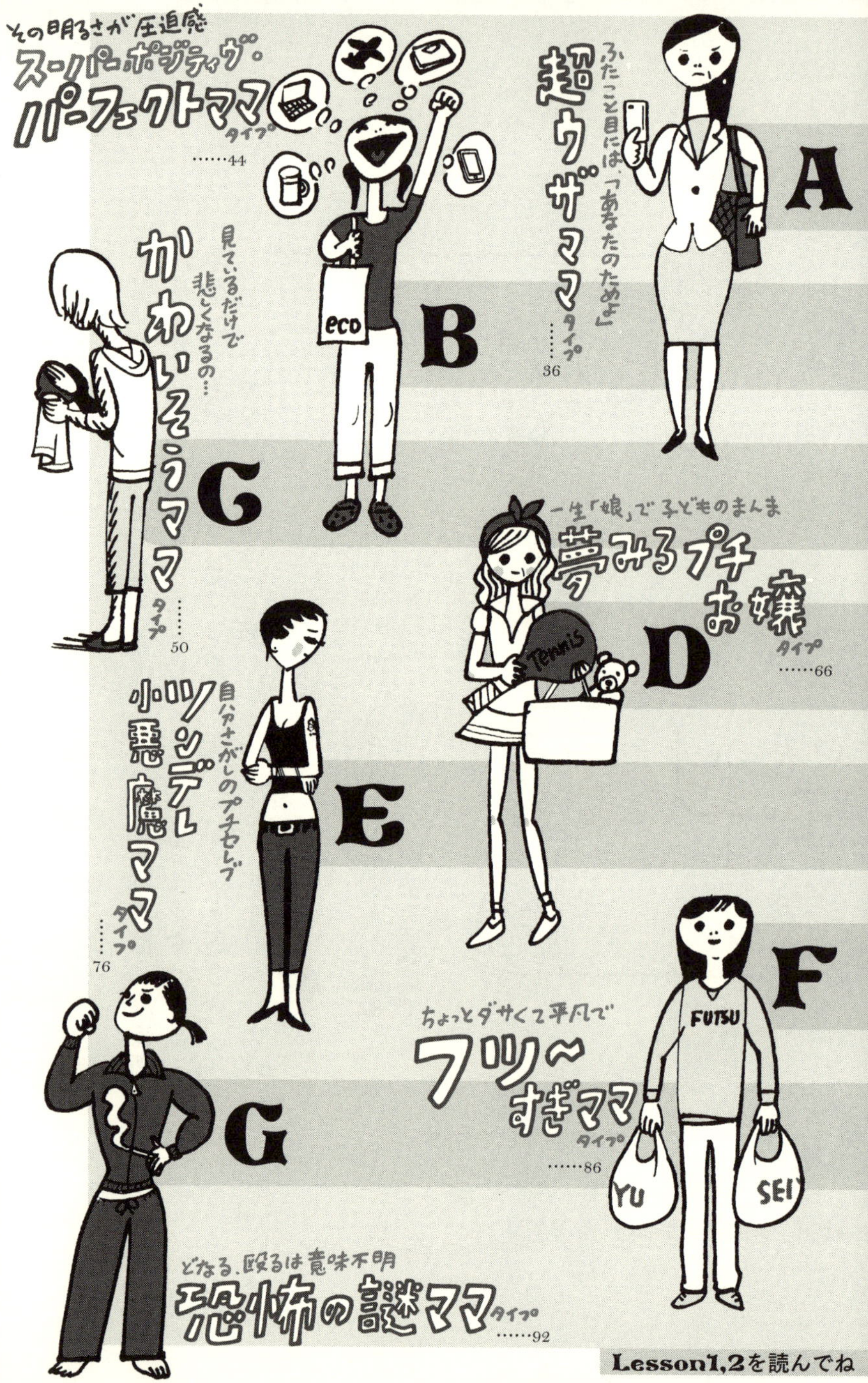

Lesson1,2を読んでね

はじめに

やさしく、こわく、そしてウザイ…そんなママと付き合うために

思い出してみよう。一番最初の記憶《きおく》はどんなものだろう。何歳のころの記憶だろう。

生まれる前のことは、たぶん誰もおぼえていないはずだ。

まだこの世の中に生まれおちる前、私たちは誰もがみんな母親のおなかの中にいた。男の子も女の子も、おじいさんやおばあさんも、母親の子宮《しきゅう》の中にい

た。

母親の子宮は羊水《ようすい》で満たされていて、その中にぷかぷか浮かんでいたはずなのに、その記憶は誰にもない。でも、その生温かくてすべてを包み込んでくれるような心地のいい感覚は、人間の記憶のどこかに深く刻まれているという。

母親＝ママは、痛みとともに私たちを生み出した。父親＝パパには絶対できないことだ。そして、自分を生んだママは世界中でたったひとりしかいない。ほかの誰とも取り替えることなどできないということが、ママとあなたとの関係をこのうえなく強くする。

ママから生まれた娘であるあなたは、ママと同じ性だ。成長しておとなになれば、ママと同じように女性として生きていくことになる。あなたとママは同じ女性であることで、これからもっと深くつながることができるだろう。

でも、そのことで困ったことが起きるかもしれない。あまりにも絆《きずな》やつながりが強すぎると、ママの世界から外に出られなくなってしまうのだ。

成長するということは、親（特にママ）から離れて独立《どくりつ》することを意味する。男の子にとっても女の子にとっても、思春期はその第一歩だ。でも、それは思ったより難しい。

とつぜんのようだが、あなたにとって、たとえば「昭和」といえば、ずいぶん昔のように思うかもしれない。そのころは中学校を卒業と同時に家を出て働く人が多かった。そして給料の一部を（ひとによっては半分以上を）親に送っていた。十五歳でりっぱに「自立」し、人によっては親を養うこともあったのだ。

そのころに比べると、社会や経済をめぐる状況が変わった。そして世界で一番と言われるほど長生きの国になった。こんな理由から、親からの自立はずっと難しくなっている。ママによっては「早く自立しなさいよ」と簡単にいう人もいるが、ママから離れることの困難さを、ママ自身にももっと知ってほしいと思う。

今はまだママといて楽しいだけかもしれないが、いずれあなたがおとなに近づくにつれて、ママとのつきあい方で困るときがくるかもしれない。その時に備えて、今から準備しておこう。

まず、ママをタイプ分けしてみよう。学校で宇宙について勉強すると、月や太陽の動きがよくわかるようになる。ママについても同じだ。世の中にはさまざまなタイプのママたちがいると知るだけでも、とっても大きなことだ。

もうひとつ、ママのことを自分なりに研究してみよう。大好きで、ときには怖《こわ》く、ウザいと思うママのことを、娘であるあなたの目で、あなたの立場から研究するのだ。そうすることで、ママについて発見があるかもしれない。見えかたが変わるかもしれない。そしてきっとそれは、楽しいことにちがいない。

一番身近なママについて、ママとのつきあいかたを解説した本はこれまで、なかった。これから書くことは、あなたがママと仲良く、楽しくつきあっていくためにきっと役に立つだろう。

増補新版　ザ・ママの研究

増補新版　ザ・ママの研究　目次

はじめに　5
やさしく、こわく、そしてウザイ……そんなママと付き合うために
研究のまえに――ママ、イメージと現実　15
1―「ママ」と「母」　16
2―メディアの中のママたち　18
3―ママの声、やわらかなママの手　20
4―ママの経験はひとつだけ　21

5 —「たったひとり」のママ　22

ママの研究

LESSONE1 方法と目的　25

1 — スキルを身につけよう　26
2 — ママを知る　27
3 — ほかのママと比較してみる　29
4 — 研究時のわきまえ　30
5 — 言葉にしよう、話してみよう、書いてみよう　31
6 — 混乱を整理する　32
7 — タイプを描《えが》こう　34

LESSONE2 傾向と対策

LESSONE2 傾向と対策 35

TYPE A ―ふたこと目には、「あなたのためよ」
超ウザママタイプ 36

TYPE B ―その明るさが圧迫感
スーパーポジティヴ・パーフェクトママタイプ 44

TYPE C ―見ているだけで悲しくなるの……
かわいそうママタイプ 50

TYPE D ―一生「娘」で子どものまんま
夢みるプチお嬢《じょう》タイプ 65

TYPE E ―自分さがしのプチセレブ
ツンデレ小《こ》悪魔《あくま》ママタイプ 76

TYPE F ―ちょっとダサくて平凡《へいぼん》で
フツ〜すぎママタイプ 86

TYPE G ―どなる、殴《なぐ》るは意味不明
恐怖の謎ママタイプ 92

LESSON 3 観察と対象化《たいしょうか》 105

1―研究の成果 106
2―「わからない」が研究条件 107
3―ママには秘密《ひみつ》の「不思議リスト」 109
4―観察の目を育てよう 111
5―書く――「対象化」してみよう 113
6―読み返す――冷静になる 118
7―研究時の禁じ手 119
8―研究の区切り目 120
9―研究は、なぜ必要? 121
10―ママを、ずっと好きでいるために 123

おわりに 126
いままでに「ママ」が研究されてこなかったその理由、
そしてあなたとママのハッピーな関係を願いながら
増補①―**ザ・パパも研究** 131
増補②―**ザ・ばぁばも研究** 147
増補新版のためのあとがき 166

研究のまえに――

ママ、イメージと現実

TVや雑誌、つまりメディアの中にはいろいろな「ママ」が登場する。

あなたもあなた自身のママと、そんなママたちを比べて、「へえ、こんなママもいるんだ」とか、「うちのママも、こんなふうに××だったらいいのに」とか、あるいは、「うちのママのほうがまだマシかも」とか、さまざまな思いをもつことがあるかもしれない。

でもそれ以前に、そういったさまざまな情報の中のママの姿の多くは、じつはごく最近にあらわれたものなのだ。また、ひと昔まえまでは、「ママ」は「母」だった。そしてそのありようやイメージも、いまのようにさまざまではなかったのだ。

メディアや情報の中のママがどんな姿であれ、いずれにしても、あなたの「ママ」はただひとりだけ。まずはそこからはじめてみよう。

1—「ママ」と「母」

マンガやテレビドラマ、小説や物語にはバラエティ豊かなママが登場する。そのことをあまり不思議に思わないかもしれない。でもそれはつい最近になってからのことだ。

あなたが生まれるずっと前、ママたちが子どもでおばあちゃんが若かったころ、もっとさかのぼってママが生まれる少し前の頃の昭和の時代を振り返ってみよう。

当時はあまり「ママ」という言葉は使われなかった。お母さん、おかあちゃん、などと呼ばれていた。

「サザエさん」のマンガを読んだことのあるひとは、割烹着《かっぽうぎ》やエプロンをつけた姿が思い浮かぶはずだ。あの姿がまた、当時の一般的な「母」だった。メークをせず、ジーンズもはかず、ひたすら家事と育児に励《はげ》むのが「母」だった。

この時代には子どもを生んでからも仕事をする母親は珍《めずら》しかったし、夜遅くまでお店でお酒を飲む母親もほとんどいなかった。だから数少ない彼女たちは、「母親のくせに」と世間のひとから非難されたのだ。昭和三十年代までは、冷蔵庫や掃除機《そうじき》・洗濯機なども なかったので、母親たちは朝から晩まで、食事の準備や掃除、買い物、洗濯などに明け暮れていたから、自分の「仕事」を持ったり、お酒を飲んで遊んだりする暇《ひま》などないはずだ、と考えられていたのだ。

このように、一部の人を除いて、多くの母親は二十代の前半で結婚し、すぐ子供を生み、育児と家事にエネルギーのほとんどを費やして老いていった。それが女性の一生だった。

もちろん男女共学の学校では女の子は自分なりに将来の夢を描くこともできたが、ほとんど誰もそれが実現するなどとは信じていなかった。自分の未来について選択《せんたく》できる幅《はば》は、ほんとうに狭かったのだ。

あなたは、そんな時代の話を聞いてどう思うのだろう。「今のほうがずっといい、なんて私は幸せなんだろう」と思うのか、それとも「受験や進路について悩まなくっていいなら、昭和の時代に生まれたかった」と思うのだろうか。

2―メディアの中のママたち

ネットで検索するといろいろなママの姿が登場する。不倫《ふりん》するママが互いの悩みを打ち明けあうサイト、子育てうまくできないママのサイト、パパからの暴言《ぼうげん》に困っているママのサイト……などだ。

本屋さんの店先には、ママたち向けのたくさんの雑誌が並んでいる。手にとってグラビアを開いてみると、グラビア写真に登場するおしゃれなママたちはブランドものの洋服を着て幸せそうに微笑《ほほえ》んでいる。そのページには「いくつになってもカワイイが大事」と、大きな字でキャッチコピーがつけられている。

もう一枚ページを繰《く》ると、ちょっと渋めのパパと手をつないで、コンサート会場の入り口でポーズを決めているツーショットもある。

テレビにもママは登場する。ダイヤモンドのCMでは、結婚記念日に左の薬指にキラリと光るダイアモンドをはめてもらうママの姿が流される。五十歳を過ぎてもびっくりするほど若々しいママたちが水着姿で登場するかと思えば、ドラマでは、子供を虐待《ぎゃくたい》してしまうママの苦しみが描《えが》かれる。若手のタレントグループのコンサートに行けば、娘たちといっしょになってペンライトを振って叫んでいるママたちもいる。夏休みになると、原宿の竹下通りはショッピングしているママと娘でいっぱいになる。

このように、昭和の時代に比べると、ママたちの姿はずっとバラエティ豊かになった。ぴっちりとしたスキニージーンズをはいてダイエットに励むママの姿もめずらしくない。もう、「母」という言葉でひとくくりにはできなくなっている。そのことを一番よく知っているのは、たぶんママ自身だ。

3―ママの声、やわらかなママの手

どれだけバラエティ豊かになったとしても、グラビアやテレビに登場するママたちが、あなたといっしょにごはんを食べたりテレビを見たりするわけではない。

映画やテレビの画面や本のページの上で知ったことと、実際に見たり触ったりしていることとはどこか違っている。おいしいお菓子の写真を見て解説を読んでも、実際に食べてみないとその味はわからない。白熊が泳ぐ写真を見ることと、実際に動物園で白熊が水中にダイブする姿を目の当たりにすることはまったく違う。

それと同じで、いろいろなママたちの情報をあなたがどれだけ得たとしても、それは知識に過ぎない。あくまでフィクションであり、つくりものだと考えたとしても不自然ではないはずだ。

ママの声を聞き、やわらかいその手を触り、美容院から帰ったママの髪のにおいを嗅《か》ぐ。それを経験という。山ほど本を読んでも、たった一回の経験には及ばない。このように、情報や知識と経験とは比較できないほど違っている。

4 ─ ママの経験はひとつだけ

ママについて、あなたはひとり分の経験しか持っていない。パパが再婚してママが二人目のひとは、あなたを生んだママと二人目のママとの二人分になるが、二つの経験はひとつに混じり合うことはない。ひまわりとアジサイが違う花であるように、それぞれのママの経験は別のままだ。

あなただけではない、あなたのママも、おじいちゃんやおばあちゃんも、たったひとつのママの経験しか持っていない。どれほど逆立ちしようとも、ママについての経験を豊かにすることはできない。ママについて五人分の経験を積みたいと思っても、それは無理だ。どれほど科学が進歩しても、それだけは不可能なのだ。

よくよく考えてみると、不思議なことだ。結婚だって何度もできるし、仲良くするお友達を換えることはできる。学校も転校できるし、家電もモデルチェンジのたびに買い替《か》えることもできる。

5―「たったひとり」のママ

でも、ママだけは違う。ホームステイで外国に三カ月行ったとしても、いつかはママのもとに帰らなければならない。ママと言い争いをして家を出ても、せいぜい三時間もすればママのいる家に帰らなければならない。あなたがママのもとを離れて安心していられる場所は、この世界に用意されていない。

だから、ママってすばらしい、ママとのつながりは運命だ、などと言いたいのではない。このことにはとても大きな意味があると同時に、とっても怖いことかもしれない、とあなたに伝えたいのだ。

はっきりしているのは、あなたはたったひとりのママについての経験だけを頼《たよ》りに生きていかなければならない、ということだ。
この本は、あなたにはたったひとりのママしかいないという事実から出発する。

LESSON 1
方法と目的

なにかと上手につきあっていくためには、コツがいる。そして、コツをつかむためには、そのなにかに関する知識をもつこと、技術を鍛《きた》えていくことが不可欠になる。ところで、あなたはあなたのママのことを、どれだけ知っているだろうか。身近なものに関して、意外と人は無知だったりすることは、よくあることだ。

LESOON 1では、ママの研究の第一歩として、研究に関する基本的な方法を知り、同時にその目的を改めて自覚することを目指す。

1　スキルを身につけよう

スマホを初めて手にしたとき、どのように操作《そうさ》するか迷《まよ》わなかっただろうか。お友達に聞いて教えてもらった人も、説明書を読んだ人もいるだろう。いろいろな方法を試しながら、あなたはいつのまにか使いこなせるようになっている。自転車も同じだ。最初は転んだり、補助輪《ほじょりん》をつけたりしていても、コツをつかむとあっという間に乗りこなせるようになる。あなたがスキルを身につけたからだ。スキルは日本語では「技術」や「わざ」という。

スマホというシステムや自転車とのつきあいかたは、ママのことを考えるときにとても参考になる。仕組みを知ってそれを使いこなすコツ・スキルを身につけることと、ママとのつきあいかたを知ることは似ているからだ。

そもそもママと上手につきあいたいと思わない人はいないだろうし、これまでもこれからも、ママと楽しくつきあっていければ、こんなすばらしいことはない。これまでにお友達や先生とのつきあいかたを工夫《くふう》し、自分は今回どんなキャラでいこうかと考えたことのある人は多いだろう。

そんな工夫と、ママとのつきあいかたを考えるのも、じつは同じだ。気づいていないかもしれないが、たぶんあなたもこれまでにいろいろ「工夫」して、ママとつきあってきたはずだ。

だとしたら、ママとのつきあいかたのスキルについて、もっと具体的に考えてみよう。

2 ― ママを知る

ママは人間でしょ、機械といっしょにしちゃまずいんじゃない？　と考える人もいるかもしれない。たしかにそうだ。機械を操作するスキルと人間とつきあうスキルはまったく同じではない。

スマホは壊《こわ》れない限り、いつも同じ反応をしてくれる。自転車もそうだ。だからスキルだけで十分に操作できる。でも、お友達やママは人間だ。日によって、体調によって、あなたの想像もできないことにすら影響されて、反応は変わってくる。

だから、スキルとは別に、相手をよく知ることが、まず必要になる。たとえば、お友達の好きな音楽、好きなタレントを知っていれば、つきあいかたもわかりやすくなるだろう。お勉強が好きなタイプかどうかも知っていれば、それも役に立つ。

相手を知っていることとスキルとの両方がうまくはたらくと、おつきあいが楽しくできるようになる。そう、知識とスキルは車の車輪のような関係なのだ。

ママについても同じだ。ママを知ることが何より重要になる。

3―ほかのママと比較してみる

あなたのママはたったひとりだということは、すでに述べた。けれども、ひとりのママしか経験できないことは、あなたがママのことを知っていることにはつながらない。

たとえば、日本が鎖国《さこく》していた時代に、多くの人たちは日本のことを知っていたわけではない。日本しか見えていなければ、日本を知ることはできない。つまり、比較する対象がなければ、知ったことにはならないのだ。地球と月と太陽を比較することで、初めて地球の大きさや形が生き生きと立体的に見えてくるように。

ママを知るためには、まず、世の中には大勢のママがいること、いくつかのタイプがあることを知ることが大切だ。

巻頭《かんとう》のチャートで、あなたはすでにママのタイプを、おおよそ把握《はあく》したかもしれない。ではもう一度チャートを見ながら、「ああ、やっぱりこのタイプかな?」「それとも意外とこのタイプ?」と考えてみよう。つぎのLESSON2も大いに参考にしてほしい。そうすると、ママがそれまでよりもっと違ってみえてくるはずだ。ママをタイプ分けすることは、あなたがママについてを知る第一歩になる。

4 ― 研究時のわきまえ

けれども、それは決してママという人間が「わかる」ことではない。あなたにとってのママは、ママという人間の一部にすぎないからだ。ママはひとつの役割に過ぎない。それ以外にも妻という役割もあるし、仕事をしているママは職場の役割を背負ってがんばっている。それに、あなたの生まれる前のママをあなたは知らない。たぶん、パパはあなたのまったく知らないママを知っているはずだし、おばあちゃんも、幼《おさな》いころからの自分の娘としてのママを知っている。

そう聞いたあなたは、とても寂《さび》しく感じたり、ショックを受けるかもしれない。でも、これはとても大切なことだ。あなたはママという人間のすべてを知っているわけではないことを、ちゃんと受け止めてほしい。

5　言葉にしよう、話してみよう、書いてみよう

そして、たったひとりしかいないママについての経験を、できるだけ開かれたものにしてみよう。そのためには言葉が大きな役割を果たすだろう。言葉にしてみると、想像以上に、あなたの、ママに関する経験がはっきりと浮かび上がる。文字にすると他の人も読めるし、読み返すこともできる。話したり書いたりすることで、あなたの頭や心の中だけにしまってあった経験が、開かれていく。

そのための手掛かりとして、まず、ママをタイプ分けしてみるのだ。さっきも書いたように、読みながら、「ああこのタイプだ！」、「うんうんそっくり！」、「ここまでじゃないけどね」などと自分のママをあてはめてみてほしい。

どうやってタイプ分けしたのか、不思議に思う人もいるだろう。どこかの図書館に「母親のタイプ」についての分厚い本があるわけではないし、偉《えら》い先生がそんな論文を書いているわけではない。その種明かしはこうだ。

6 — 混乱を整理する

私の職業はカウンセラーだ。あまり聞きなれない人もいるかもしれないので少し説明してみよう。

いろいろなことで悩んだり困ったりしてどうしようもないほど苦しくなった人たち（クライエント）が、カウンセリングに訪れる。

カウンセラーはその人たちの話を最後までていねいに聞き、いろいろな質問をする。カウンセラーから質問されて、クライエントの人たちは一生懸命考える。こうしてクライエントがひとりで考えていた世界に、カウンセラーの見方・視点が取り入れられる。逆にクライエントが質問し、カウンセラーが答えることもある。

クライエントの人たちは、このような経験をとおして混乱していた頭の中が整理されたり、ちゃんと聞いてもらったことでとても楽になったり、今後の方向性についてのヒントを得たりする。そのようなサービスに対して、クライエントの人たちがカウンセリング料金を支払う。

私はクライエントからお金を支払ってもらい、生活をしている。これがカウンセラーという仕事だ。

7 — タイプを描《えが》こう

あなたよりずっと年上の女性たちが、大勢カウンセリングに訪れる。あなたのお姉さんやママほどの、ときにはおばあちゃんくらいの年齢の女性たちが、自分のママとの関係で困り果てているからだ。ときには死にそうになってカウンセリングにやってくる女性もいるほどだ。これまで数百人にのぼる女性たちが、自分のママについて語る言葉を、私は一生懸命聞いてきた。女性たちが語ったママの数も、数百人になるわけだ。たぶん、積み上げれば何冊の本にもなるほどの、重い内容だ。それからあなたと同じくらいの年齢《ねんれい》の女の子たちにもママについて話してもらった。

これらが、ママのタイプ分けの基礎《きそ》になっている。

つぎのLESSON2では、そんな幅広い年齢の女性たちがママについて語った言葉から、ママのタイプを少しくわしく描いてみることにしよう。

LESSON 2
傾向と対策

LESSON 2では、ママをタイプ分けしていく。タイプ分けと言っても、それほどきれいに分かれるわけではない。二つのタイプが混ざったり、どれも少しずつあてはまるような気がするはずだ。タイプに分けると、必ずそういうことが起きる。万が一、そっくりそのまま「私のママのこと！」という人がいたら、ラッキー！　と思ってほしい。

私がまだ若かったころ、受験勉強の学習参考書に『傾向と対策』というシリーズがあり、よくお世話になったものだ。それにならって、ママの傾向と対策をタイプ分けの基本としようと思う。タイプというのはたしかにママにありがちな「傾向」だし、「対策」というのはそんなママとつきあうために必要な知識やスキルのことだ。このふたつをセットにして、ママのいくつかのタイプについて述べていく。

ふたこと目には「あなたのためよ」

超ウザママタイプ

TYPE A

証言①

「小学校三年のころは、自分のことは自分でって言ってたくせに、高学年になったらだんだん私の持ち物を監視《かんし》し始めたんです。特にスマホのメールを見られないようにしょっちゅうロックナンバー変えなきゃなんなくて、超《ちょう》忙しい。学校から帰っても、いろんなことを聞いてくるし。ママってほんとに暇《ひま》なんじゃないかな。私のこと以外にやることがないのかな。それにこのごろは勉強、勉強ってうるさいの。前はのびのび遊ぶ子がいいなあ、って言ってたのに、矛《む》盾《じゅん》してる!!」

証言②

「試験の点数が悪かったら、「ゲームばっかりして」ってママはスマホをとりあげるんです。パパは知らん顔だし。やっと返してくれたと思ったら、電池が抜かれてる。あと、勉強してる時間を測ったりしてるみたい。ママどうしで勉強時間の競争でもしてんのかな。

文句言うと、「だって、ぜんぶ子どものためにやってるんじゃないの」「ママのいうこときかないと、いずれ痛い目にあうんだからね」って脅《おど》すし、なんだかなあ。」

傾向

干渉《かんしょう》がもう、どうにも止まらない

娘の生活に入り込んできて干渉や監視をし、思い通りにならないと脅したり実力行使をするタイプ。

高校に入ったらママは変わるかな、とか、ママの望み通りに大学受験に合格すれば自由になれるかな、と期待すると裏切られることが多い。娘の年齢が上がっても、内容が変わるだけで基本的な態度は変わらない。娘が高校に入ると「志望大学はどうするの？」と干渉し、大学になると「就職はどうするの？」になり、就職すれば「忙しすぎるんじゃないの」、結婚すれば、「子どもはどうするの」と心配し、結婚せずに仕事をしていると「孫《まご》がほしいなあ」とつぶやく。いくつになってもママが干渉してくることに変わりはないのだ。

あなたがイライラして「ウザい！」と怒ると、「いやあねえ、反抗期《はんこう》かしら」とか「その口のきき方はなに⁉」とか、全部あなたのせいにされてしまう。それでもがんばって反論すると最後の手は「子どものためを思ってやってるんじゃないの」「ママの気持ち、わかんないの？」という言葉で完全制圧《せいあつ》されてしまう。

カウンセリングにやってくる女性たちのママで圧倒的に多いのがこのタイプ

だ。中には、五十歳を過ぎても八十代のママからの干渉が止まらずいつになったら自由になれるのかとうったえる女性もいる。「子どものために言っている」というママの言葉にずっと縛《しば》られてきたのだ。おしゃれで買物好きのママか、がまんして地味目なママか、若いか、年をとっているかなどの違いはあっても、娘に対する態度はそれほど違わない。あらゆる年齢層のママにみられる、もっとも数の多いタイプだ。

対策

ヘンだよ、と口に出そう

干渉され監視されて、ウザいと思うあなたは大丈夫だ。けれども、なかには、ママの言うように、ほんとうに自分が悪い娘のように思ってしまう人がいる。自分が悪い娘だと思うと、努力してママの言うとおりにしようとするだろう。いい娘にならないとママからどう思われるか怖いからだ。でもちょっと待って。それこそがママの目的なのだ。自分の言うことをきかないのは悪い娘だということをあなたに信じさせて、あなたをママの言うとおりに動かしたいのだ。

だから、対策としては、ママの矛盾点に気づくことだ。よく聞くとつじつまの合わないことを話したり、時には正反対のことを言ったりしているはずだ。たとえば「証言1」のハルカちゃんのママのように「のびのびしている子がいい」とつぶやきながら、「勉強、勉強」ってうるさく言うのは、矛盾している。あるいは、大声でおしゃべりしていると「うるさい」と叱《しか》り、ずっと黙っていると「暗い」と非難《ひなん》されることは、よくあるだろう。

ママの言葉をよく冷静に聞いてみよう。そして「ヘンだ」と思うことだ。口に出してもいい。「ママの言ってること、ヘンだよ」と。

ひどくママは怒るだろうが、それでもかまわない。大切なことは、ママからいい娘だと思われる必要がないと、あなたが思えることだから。なぜならそれは、ママの考える「いい娘」の世界からあなたが一歩外に出たことを表しているからだ。ママの世界からこうして一歩ずつ外に出ていくことが、成長だし自立を意味する。

「ああ、ウザい」とママのことを思えたら、そんな自分は「成長してるんだ、すごい」と考えよう。

A

B

C

D

E

F

G

その明るさが圧迫感

スーパーポジティヴ・パーフェクトママ タイプ

TYPE B

証言①

「お弁当はいつもママの手づくり。ママはそれをスマホで撮《と》って、自分のブログにアップしてるんだけど、けっこう評判になってアクセス数も増えてるみたい。お友達からも『うらやましい』って言われる。体のラインもくずれてないし、まあまあ美人でメイクもうまいよ。四大卒だし。仕事もバリバリ、パパともまあ仲良しみたいだし、ママみたいな人生もいいなって思う。でも、なんだかいっつも元気過ぎて、見てて疲れるよ。落ち込んだりしてるところ、見たこともないし。私もママには弱みを見せられない……だってわかってもらえそうもないんだもん。」

証言②

「お友達も多いし、しょっちゅうLINEでやりとりしてるみたい。とっても明るくて元気なママです。人の悪口言わないしね。でも、なんかテンション高すぎっていうか、元気すぎるんだよね。パパと別れてから、無理してるのがありあり。たぶん、私やお友達に弱い自分を見せたくないんだと思う。人生、前向きにプラス思考でゴー！　っていうのが口癖《くちぐせ》。いったいどこで愚痴《ぐち》を言ってるんだろうって思うくらい、弱いところは見せません。私なんかしょっちゅう友達にグチってるんだけど、ママに恥ずかしい……ほんとにかないません。」

傾向

お手本は息がつまる

これも大変なママだ。どこから見てもポジティヴでパーフェクトなママって、娘にとって大きな圧力《あつりょく》になる。反抗《はんこう》するための口実もないし、非難したり文句をつける欠点がみつからない。尊敬《そんけい》できるし、人生のお手本になることは間違いない。でも、お手本と毎日いっしょに暮らすのは息が詰《つ》まるのも事実だ。

ママのように私もがんばらなければ、と心から思って追いつこうとすると、どこかで無理が出てくるかもしれない。尊敬し、時にはカリスマのようにママのことが思えるだろう。学校の先生にも「尊敬する人は母です」という人はいっぱいいる。それ自身はすばらしいことだ。

対策

あなたに責任はない

でも、ほんの少し苦しかったり、ママにまったく弱みを見せられなくて息苦しいと感じたら、その感じかたを大切にしよう。苦しいという感じかたにはちゃんと理由があるからだ。ママにそのことを言う必要はない。たぶん言ったり

A
B
C
D
E
F
G

なんかしないだろうけど。だって、ママには一番それがつらいことだとあなたにはわかっているからだ。

きっとママがそこまでパーフェクトに頑張《がんば》っている理由がなんとなくあなたにはわかっている。あまりに元気過ぎる、痛いほどに前向きなママは、見ててもつらい。だからあなたは余計に苦しいのだと思う。前向きでパーフェクトなママをそのまま認めて尊敬してあげなければならない。でもその裏側にあるママの苦しみや悲しみもわかっている。なのにそんなことは知らないふりをしなければならない。

あなたの大変さは、こうやって書くとよくわかる。でも、ママのパーフェクトさの裏側にあるものをわかるのは、きっとあなただけだ。でも、だからといって、ママをずっとあなたが理解しつづけてあげなければならないということではない。

パーフェクトなママであることに、あなたの責任はない。あるのは、パパだけだ。もしくはママ自身の責任だ。

見ているだけで悲しくなるの……

かわいそうママタイプ

TYPE 6

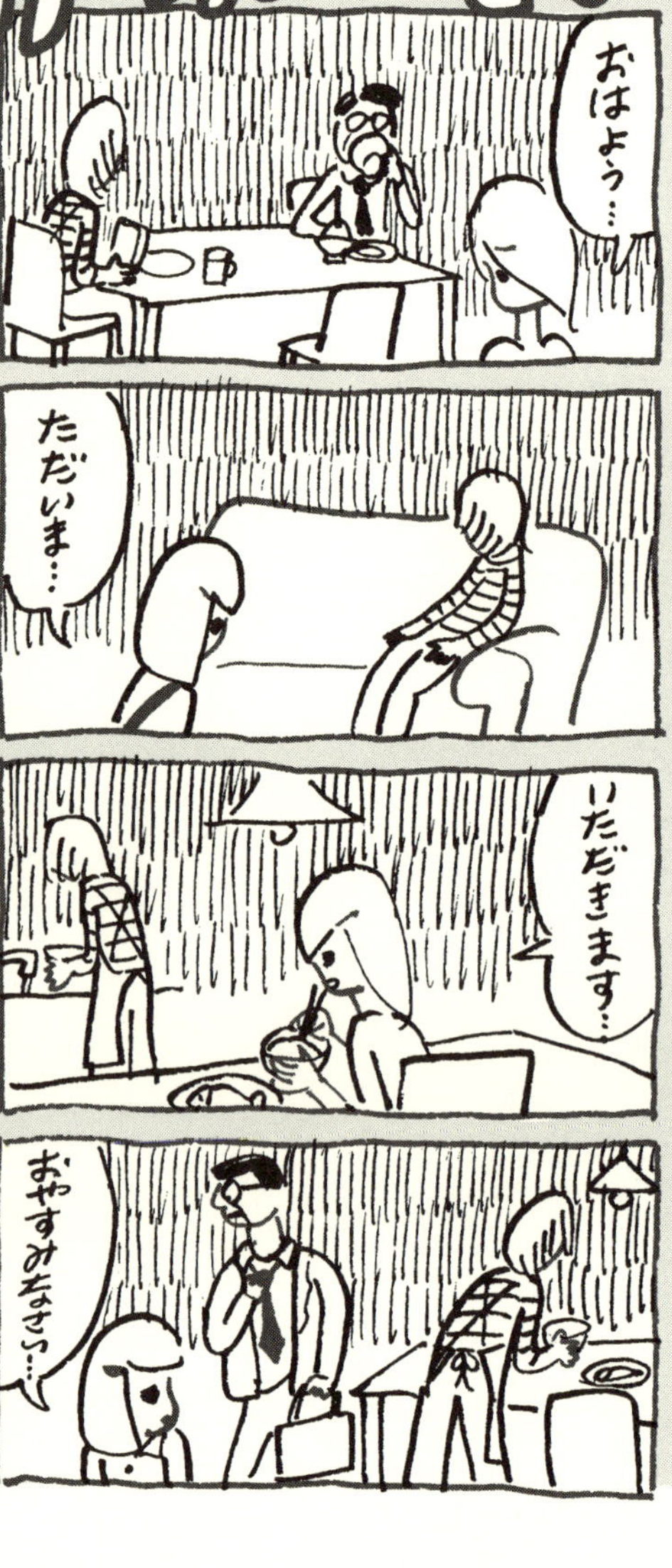

証言①

「学校から帰っていろいろ報告しても、あまり笑ったりしない。ママ友もいないわけじゃないけど、いつも黙《だま》ってついていってるだけ。

友達のママみたいにときどきは居酒屋《いざかや》で盛り上がったらいいんじゃないかと思う。ほんとに何を考えてるのかわからない。

でもパパがいないときだけは、別。お笑い番組を見て笑ったりするし、買い物にいっしょに行こうって誘《さそ》ってくる。ずっとパパが帰ってこないとママも明るくなるんじゃないかな。でもきっとパパがいないとお金がないから別れないだろうなあって思ってます。なんであんなパパみたいな男と結婚したの？ママはきっと我慢《がまん》してるんだろうって思います。まだまだきれいだし、ミニスカートだって似合うし、ママ、もっと好きなことやってよ。楽しそうな顔してよ。」

A B C D E F G

証言②

「友達からいつも、話の聴《き》き方うまいねっていわれるんです。自分でもそうかなあって思うけど、たぶん、ずっとママの愚痴を聞いてきたからかもしれないと思います。パパはあまり家にいないので、ごはんつくりながら、テレビ見ながら、ママはずーっとパパの悪口言ってます。あと、おばあちゃんやおじいちゃんの悪口も。ちいさいころは、眠る前に絵本を読んでくれたんだけど、ある時期からは、絵本のかわりに、いつもおんなじママの愚痴を聞かされてました。泣きながら話されると、いつも涙《なみだ》を拭《ふ》くのは私の仕事。だから、パパの浮気のことも、おじいちゃんがママに意地悪したことも、ぜーんぶ覚えてる。

部活が終わって帰ると、おなかペコペコなのに、まずママの話を聞いてあげる。だって、ママには私しか話し相手がいないの。お友達には恥ずかしくってパパの悪口が言えないんだと思う。パパはどうしてママを大切にしないのかなあ。あんな男性とは絶対結婚しないって決めてます。ママは私が大学に入ったら思い切って別れるって言ってるので、それまではパパに学費や生活費出してもらってなんとかいっしょに暮らしていくつもりです。」

苦しいとき、悲しいとき

誰にでも、苦しかったり悲しかったりするときがある。そんなとき、誰かにそれを聞いてもらいたいと思うものだ。そうやって多くの人は苦しみを乗り越えてきたのだ。じゃあ、あなたはどうやって苦しみを乗り越えてきたのだろう。振り返ってみてほしい。

なんでも話せるお友達がいるから大丈夫という人は、それだけてとてもすばらしいことだ。たぶん、これからの長い人生の一番大きい財産《ざいさん》が、そんな友達の存在だと思う。なんでもママに話して聞いてもらう、という人もいるだろう。

冷静に話を聞いてくれるママは人生の先輩《せんぱい》としてとっても頼りになるはずだ。そんなあなたは、ユキちゃんやエミちゃんの経験を読んでびっくりしたかもしれない。

中には、ママにも話せず、お友達もいないかわりに、ゲームをしたりスポーツに熱中して気分転換をはかる人もいるだろう。それもひとつの大切な方法だ。でも、誰かに自分の気持ちや経験などを話したい、聞いてほしいという気持ちがあることを、ちゃんと自覚していることがとても重要だ。

パパ、ママを受け止めて

では、あなたのママは、悲しみや苦しみを誰に聞いてもらっているのだろう。あなたのパパはどうだろう。

ママの愚痴をパパが「うん、うん」と聞いてあげる光景、パパの愚痴をママが聞いてあげる光景。どちらもそばで聞いているとあまりいい気持ちがしないかもしれない。でも最初に話してくれたユキちゃんとエミちゃんの経験に比べると、どこか違うのがわかるだろうか。

ママの愚痴をパパが聞いてくれていることは、たぶんあなたにとってはほっとするようなことだろう。「どうしてなの？」「ねえ、聞いてるの」と涙を流して大声でパパを責めていたとしても、あなたはそれを遠くから眺《なが》めていられる。少し心配かもしれないが、背中を向けてゲームをしていることもできる。パパがママを受け止めようとしていると思えることで、あなたはママの苦しみから少しだけ離れることができるからだ。

誰よりもママのことは

ママが楽しいか、イライラしているか、ゆったりしているか、怒っているか。娘であるあなたには手にとるようにわかるはずだ。たとえ言葉に出さなくても、ミホちゃんのように、表情、視線、ためいき、うしろ姿などから、ママのことが手に取るようにわかってしまう。たぶん、あなたもそうだろう。ひょっとしたら、パパよりもあなたのほうがママのことを理解しているかもしれない。学校から帰ってママを見た瞬間に、今日は疲れてるな、とか、機嫌《きげん》がいいな、と判断しているはずだ。それはあなただけではなく、おそらく日本中、いや世界中の娘たちが、ママのことを誰よりも鋭《するど》く感じ取っている。そのことが、ママとの絆を強くしていく。

幸せなママだけじゃない

ママが元気でそれほど機嫌悪くなければ、ママとの絆は、学校生活を送るため、これから生きていくための大きな力になる。つらいことがあっても、ママに聞いてもらえると信じられるからだ。

ところが、ユキちゃんのように、ママが何も言わなかったり、無表情でごはんを作っていたらどうだろう。エミちゃんのように、パパの悪口を聞かされる毎日が続いたらどうなるだろう。小さいころから、ママが流す涙をずっと拭いてあげていたら……。

残念だけれど、この世には幸せなママばかりじゃないのだ。

私のせいでママが苦しんでるの？

ママが苦しみ、怒り、ときにはじっと我慢《がまん》して耐《た》えているとき、あなたはきっとこう思うはずだ。「ママがこんなに苦しんでいるのは、私が悪い子だからに違いない。」

「もっとお手伝いをして、もっといい成績《せいせき》をとって、ママを喜ばせなければ」

これだけでも大変なのに、もっと突き詰めるとこう考えるようになる。

「どれだけがんばってもママの苦しみは変わらない。ママを幸せにできない私なんか、この世にいてはいけないんじゃないのかな？」

極端《きょくたん》に思えるかもしれないが、あまり口に出さないけれどこのように考えている娘は、じつはとても多い。どうしてそう考えてしまうのかについては、あとで詳しく説明するのでそこを読んでもらいたい。ママが不幸であることは、このようにあなたの人生に深く深く影響してしまうということを、とにかく知っていてほしい。

パパとママの争いに利用される

二人のママに共通している点を探してみよう。すぐわかる人もいるだろう。そう、パパとの夫婦関係が最悪であるという点だ。たぶん、外から見れば仲のいい夫婦かもしれないが、誰よりも子供が両親の夫婦関係をよく知っている。

そして、ユキちゃんもエミちゃんもそろってパパのことが嫌いなようだ。たぶん、それはママのことを誰よりも大切に思っていることの現れだろう。大好きなママがパパのことを嫌っていれば、あなたもパパのことを嫌いになるしかない。どうしてあんな男性と結婚したんだろう、とパパをさげすんだりする娘は珍しくない。

しかし、よく考えてみよう。ひょっとしてパパを孤立させるために、ママは無意識にあなたを味方に引き入れているかもしれない。

逆の場合もある。パパが娘にこっそりママの悪口を言って、ママを孤立させるように仕組むのだ。

このようにして、パパとママはあなたを対立や争いの道具として利用することがある。残念ながら、離婚《りこん》をめぐる裁判《さいばん》では、このような事実がたくさん明らかになっている。

どれだけ努力しても

愛し合って結婚したはずのパパとママが、口もきかない、顔も見たくないほどに関係が壊れてしまう。これは、あなたにとって何よりつらいことだろうし、できれば仲のいい夫婦に戻ってほしいと望むはずだ。しかし、多くの夫婦が離婚することは事実だし、あなたのママやパパも離婚を経験しているかもしれない。離婚が悪いわけじゃない。

中には、憎しみ合っていても、パパもママも現状を変えたくないから別れない、ときには子供への影響を考えてすぐには別れることをしない、という夫婦もある。また、パパにいっぱい収入があれば、生活には困らない。愛してなくてもママはおしゃれができたり、車を買ってもらうこともできる。そんなママの判断は、娘によって見抜かれている。でもママは、そのことを知らない。

大切なことは、パパとママの関係にあなたは入り込めないということだ。

どれだけあなたが努力しても、パパとママの関係がよくなったり悪くなったりすることはない。これは断言《だんげん》できる。

対策

心配しないで

ママが苦しそうだったり、ときには泣いていたり、イライラをぶつけてきたとしても、それはあなたのせいではない。たぶん、パパのことやおじいちゃんやおばあちゃんのことで頭がいっぱいなのだ。それとも、仕事がうまくいかなかったり、鏡を見たらシミが増えていたり、ちょっと太ってスカートのサイズが合わなかったりしたのかもしれない。

いずれにしても、ママから発散《はっさん》される不幸のオーラがあなたに向けられたとしても、それはあなたのせいではない。ましてあなたが聞き役になる必要などまったくない。

思い切って言ってみよう。

「ママ、これ以上ママの愚痴は聞けません」

逆転してない？

とっても勇気がいるだろう。ママが悲しむかもしれないと思うと、かわいそうになってしまうかもしれない。

でも、よく考えてみよう。

ママは、あなたの親なのだ。だから、あなたの愚痴を聞いてくれるのがママの役割なのだ。大人になる前の、とても大切な時期にあるあなたを支えてくれるのがママの役割だし、責任なのだ。

それなのに、あなたにママの重荷を背負わせるなんて、役割が逆転してはいないだろうか。でも、そんな説明してもなかなかわかってはくれないだろう。苦しいときのママは、たぶん自分のことで精いっぱいで、あなたがどれほどママのことに心を砕いているかを気づいていないのだから。それでもいい、わかってくれなくてもいい。とにかく役割が逆転してないか、とママの関係を点検するように努力しよう。

ママが選んだ

もしあなたがパパのことが嫌いなら、どうしてこんな男性をママが選んだのか不思議かもしれない。でもパパとママのあいだのことは、たぶんあなたに理解はできない。もし理解できると考えているなら、どちらかいっぽうの言い分だけを信じているからだ。それほど、パパとママの夫婦関係は複雑で入り組んでいる。

もしママからパパとのことを相談されたら、はっきりと断ろう。「ママ、自分で考えてね」「私じゃなくって、お友達に相談してね」「パパ本人と話してみて」。

ママのことを大切に思っているから、と自分に言い聞かせながら実行するのがコツだ。だって、パパとの結婚はあなたが生まれる前のできごとだし、パパはママが選んだのだ。だからママの「責任」なのだ。

A B C D E F G

ママを大切にすることは、ママを甘やかすことではない。まるで子供のしつけのようだと思えるかもしれないが、「ママの責任だ」と言うことはひとりの大人であるママを大切にすることなのだ。

少なくとも、あなたに責任はまったくない。

A
B
C
D
E
F
G

一生「娘」で子どものまんま

夢みるプチお嬢タイプ

TYPE D

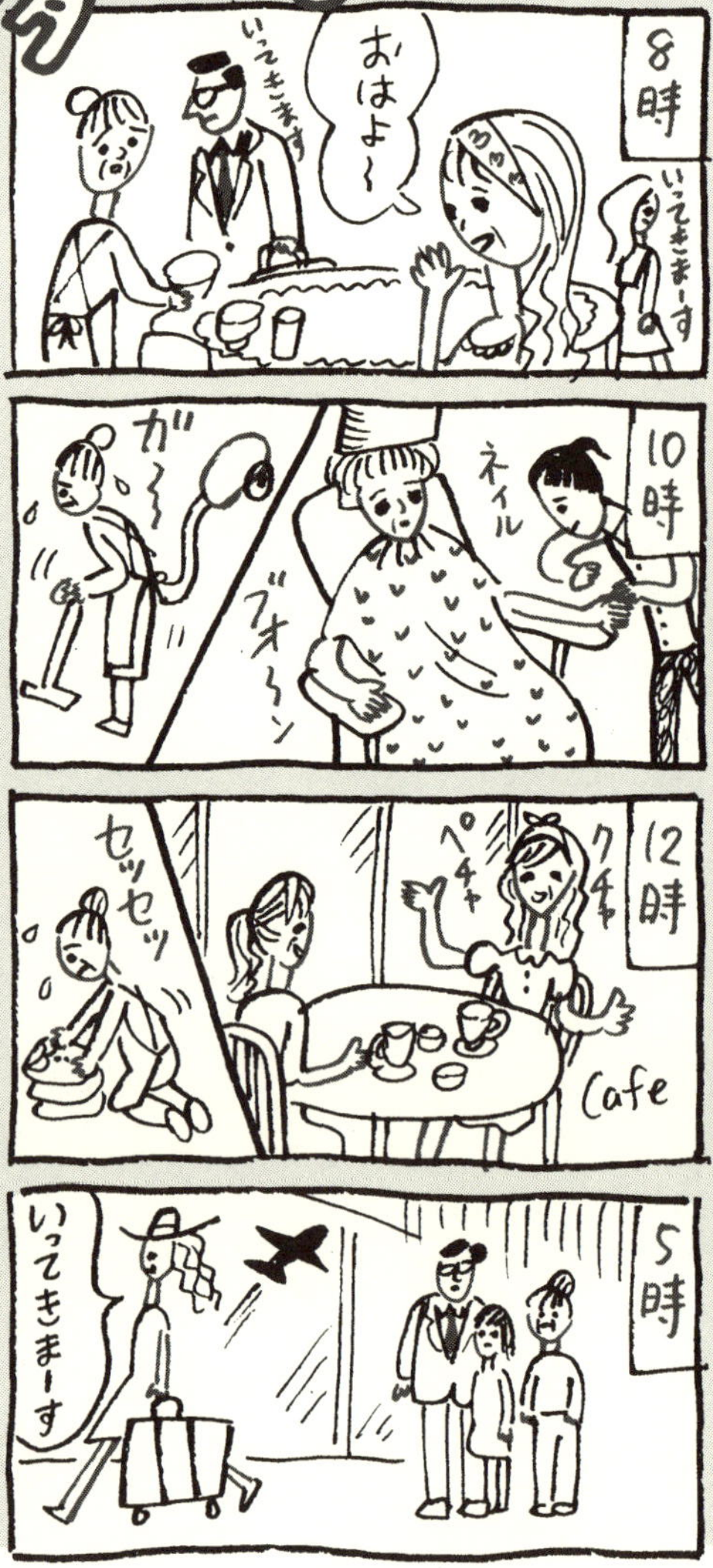

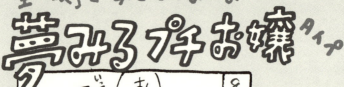

証言

「私はママが自慢《じまん》。ネイルサロンには二週間に一回通ってるし、美容院は月一回、原宿まで通ってる。スタイルもいいし、とってもおしゃれ。いっしょに歩くとみんなが振り返るくらい。でも、爪《つめ》が汚れるって、ごはんはほとんどつくらないの。隣に住んでるおばあちゃんがパパと私のごはんをつくってくれる。ママは、あんまり食べない。太るからいやなんだって。勉強しなさいって言われたことないし、たぶん、私のテスト点数にも関心がないんだと思う。ママのコレクションはテディベア。ベッドのまわりも、リビングも棚《たな》の上にもいっぱい。ママが小さいころから集めた宝物なんだって。私の部屋にも置かせてくれない？　って頼《たの》まれるの。学校で困ったことがあると私はいつもパパに相談する。ママに言うと、かえって問題がややこしくなったりするから。明後日《あさって》から

一週間、ママはハワイにホットヨガの研修《けんしゅう》のために行く予定。きっといっぱいぬいぐるみを買ってくるんだろうなあ、自分のために。」

傾向 いつまでも娘のまま

このタイプのママは、結婚して妊娠《にんしん》・出産してママになったことを、全部夢の中のできごとのように思っている。おばあちゃんの望むとおり中学校に入り、高校から大学に行き、そして「いい会社」に周囲からすすめられるままに就職した。たぶん、パパから熱心に「結婚してください」と言われて、断る理由もないし、親（おじいちゃんやおばあちゃん）も賛成したので結婚したのだろう。

同じ敷地《しきち》にママの両親の家もあるし、カオリちゃんが生まれてからも、ほとんどおばあちゃんが面倒みてきたに違いない。こういうママは日本中にたくさんいるはずだ。

きっと両親は、ママのことをカオリちゃんのお姉さんくらいに思っている。言い換《か》えれば、カオリちゃんを産んだのは紛《まぎ》れもなくママなのに、おばあちゃんにとってはカオリちゃんは娘のひとりなのだ。たぶん、パパはそのことを知っている。

ママは大きな娘なのだ。もうすぐ四十歳に手が届くけど、テディベアを抱っこして眠る娘のままなのだ。こんなおばあちゃん（ばぁば）については、この本の最後のほうに詳《くわ》しく書いたので、ちゃんと読んでみてほしい。

全部任せてしまえば

カオリちゃんのママを思い浮かべると、おとなになるってどういうことなのだろうと思う。誕生日を重ねて年をとれば、おとなになるわけではない。いろいろなできごとに出会うたびに、自分で考え、自分で苦しむことがなければ、おとなになることはできないのだ。

A
B
C
D
E
F
G

カオリちゃんのママを少し厳《きび》しい目でみつめてみよう。

思春期から親の期待どおりに生きてきて、そのことになんの疑問も抱くことなく結婚しママになった。しかし、カオリちゃんの育児は、ママとパパの責任だ。なんとか二人で力を合わせて娘を育てることは親として当たり前のことだ。大変なときに、おばあちゃんの力を借りることはあってもいいが、あくまでも力を借りるのであり、任《まか》せるのではない。きっとカオリちゃんのママは、おばあちゃんの言うまま、するままに任せてきたのだと思う。

「カオリがあまり離乳《りにゅうしょく》食を食べないの」といえば、おばあちゃんが手作りの離乳食を食べさせてくれただろう。

「カオリが熱があるの」と言えば、おばあちゃんがおばあちゃん家に連れて行ってつきっきりでめんどうを見てくれたのだろう。

心配なこと、つらいことは全部おばあちゃんに任せればよかった。カオリちゃんが小学校に入ってからは、学校の勉強や父母会のことは全部パパが受け持ってくれた。

「そんな大変なこと、無理。」「どうすればいいの、困っちゃうじゃない」と混乱したママが泣けば、パパは引き受けるしかないだろう。

家族のなかで一番力のない、一番能力のない存在であるママが、一番楽をして好きほうだいに生きている。なぜなら、ママがずっと子どものままでいられるからだ。それを支えているのがおばあちゃんであり、パパなのだ。

別の風景が見える

こう書いてくると、カオリちゃんのママは自分勝手で人任せのずるい人に思えるだろう。でもまったく別の見方もできる。

小さいころからママは、自分のママ、つまりあなたのおばあちゃんの描いた設計図のとおりに生きるしかなかった。それ以外のことは認められなかったからだ。おばあちゃんの言うとおりの大学に入った。本当はもっと別の進路に進みたかったのに、「芸術系の学校なんて絶対に認めませんからね」と厳しく言われたからだ。高校二年のころ、ママは極端なダイエットをきっかけに、一年間ほど摂食障害《せっしょくしょうがい》になった。食べたり吐いたりし、リストカットをした。おばあちゃんに暴言《ぼうげん》を吐《は》いたが、ママの苦しさはわかってもらえなかった。おじいちゃんはそのことを知っていたが、「甘えてるだけだ」と、ママを相手にしなかった。そのせいでママは一年浪人《ろうにん》をすることになった。

親の言うとおりに生きるしかない

どれだけ抵抗しても両親は理解してくれないことを知ったママは、残りの人生をおばあちゃんの言うとおりに過ごそうと思った。やりがいや生きがいはない代わりに、めんどうなことを背負わなくてすむ。大学を卒業して入社した会社でつきあっている男性もいたが、おばあちゃんの気に入る男性のほうを選んだ。

こうしてママは、ずっとおばあちゃんの娘のまま生きるしかすべがなかった。

パパも、どこかでそれに気づきながら、ママの両親が建ててくれた都心の家に住んでいるのだから、見て見ぬふりをしているのかもしれない……。
こういう可能性もある。

対策

あきらめず、気長に

カオリちゃんのママが、ほんとうにどうだったのかはわからない。最初に書いたように、娘はママという人を全部知ることはできないからだ。それに、あなたが全部を知る必要などない、と思う。むしろ、カオリちゃんのママは、娘のことをどれほど知ろうとしているのか、疑問が湧《わ》く。

こんなタイプのママには、面倒くさがらず、あきらめず、「ママ、私の書いた作文読んで」「こんどのテストの点数、何点だったか当ててみて」「たまには、私の話も聞いて」と要求してみよう。つまり、娘からママに向けて「私に関心をもって！」と要求するのだ。

これは贅沢《ぜいたく》でもわがままでもない。娘として当たり前のことだ。ママが娘のままでは、本物の娘は困ってしまう。あなたは怒ってもいい。遠慮なんかしないで、大声で「ママ、私のママになってよ！」と怒鳴ってもいいくらいだ。

でも、怒鳴《どな》ったり怒ったりすると、あなたが不利になる。「ママにそんな大声だして、なんてひどい子なの」と、そういうときだけママらしくなってあなたが非難されるだろう。あなただけが悪い子になって一件落着するのは、ばかばかしい。

だから、あきらめず、気長にママに要求し続けよう。

できれば、パパも味方につけるといい。これも、ママを刺激しないように作戦を練らないと、ママがますます家庭から離れていくきっかけになってしまうので、要注意だ。

ママはあなたに関心をもっている？

ウザ母タイプの娘にはうらやましがられるかもしれないが、ママから関心を持たれないことは、干渉《かんしょう》されつづけることと同じくらいに、とても残酷《ざんこく》なことなのだ。

しばしば誤解されがちだが、干渉することと関心を持つことは違う。ママの言うとおりにしているかどうか細かくチェックしてあなたに文句を言うのは、監視して修正させるためで、ママから娘への干渉、つまり支配《しはい》だ。

いっぽう、関心を持つことは、娘がどんな気持ちでいるか、楽しく暮らしているか、疲れてはいないかに心を向けることだ。あなたが元気で生き生きしているのをみてママもうれしそうな顔をするのなら、ママはあなたに関心を持っていることになる。学校でつらいことがあったとき、それとなくあなたの好きな夕食のメニューを作ってくれるママは、あなたに関心を持っている。

干渉ではなく、関心を持っているということは、愛情を持っていることと同じなのだ。

自分さがしのプチセレブ

ツンデレ小悪魔ママタイプ

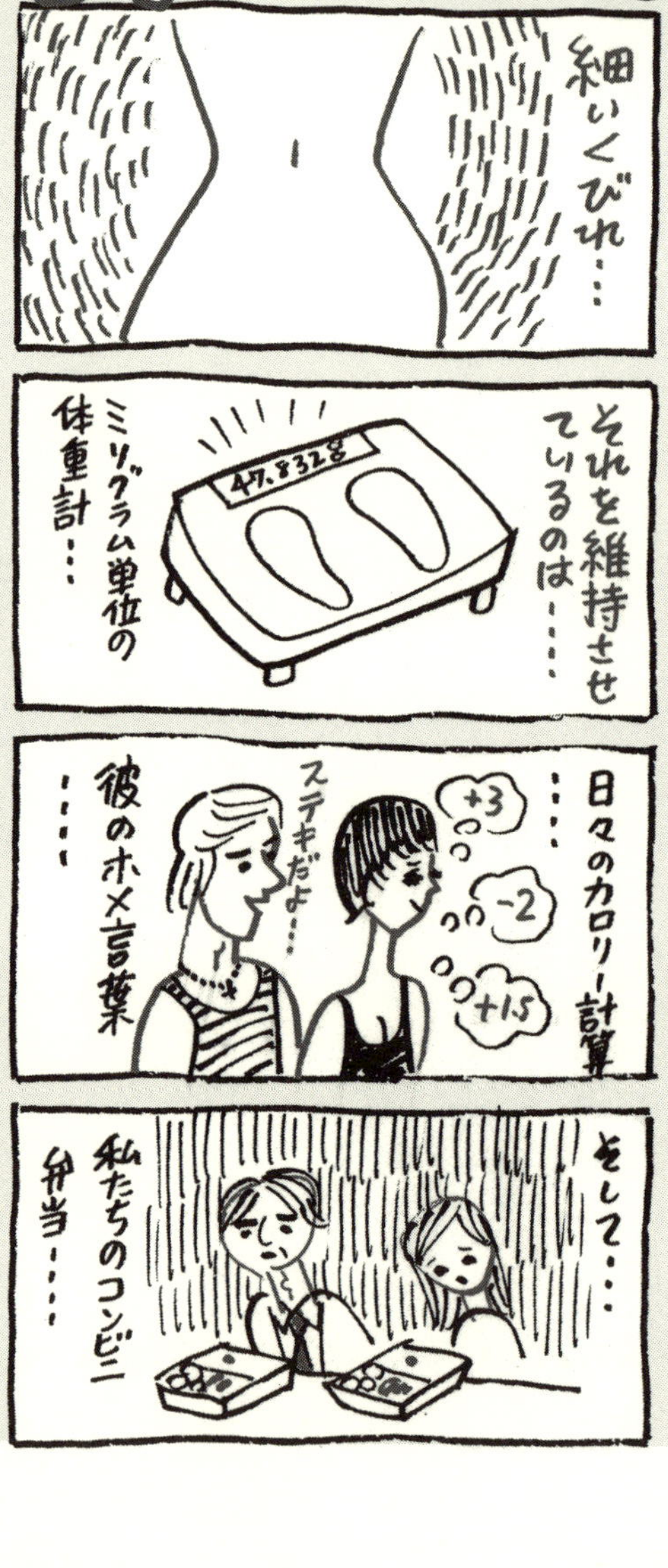

TYPE

E

証言

「洗面所には体重計が二つあるの。一つはママ専用で、ミリグラムまで全部測れる特別なやつ。私やパパが乗っかるとすごく怒るの、「壊れちゃうでしょ！」って。毎日食べ物のカロリー計算に忙しいから、みんなの食事はコンビニ弁当。ママはキッチンで立ったままスマホしながらシリアルしか食べない。とってもやせてて、ショートカットで金髪《きんぱつ》だし、ピアスの穴も耳に十か所とおへそにまで開けてるの。結婚前に付き合ってた人から、少年みたいでかわいいって言われたんだって。なんでパパと結婚したのか不思議なんだけどなあ。週末は六本木のクラブで踊っていて帰らない。ずっとそうだから慣れちゃってるけど、朝帰りして、私のベッドにもぐりこんで起こすのだけはやめて。パパもなにも言わないで、趣味のテニスに出かけちゃうの。一番いやなのは、体重や髪型、肌の

ハリ、鼻の形を比較されること。わざと私のジーンズをはいて「あらー、太ってるのね」って言わないでほしい。十七歳に見えるって外人の彼に言われたことを自慢されてもね……。いつも話すことは彼のことばっかり。泣きながら、ふられた彼にメールする文章をいっしょに考えてって言われても。あーあ、ふつうの地味なママでいてほしいのに。そんなママを友達に紹介するのは恥ずかしい。」

傾向

幸せママになろう

ちかごろの育児書には、ママが幸せじゃないと子どもを幸せにできない、などと書いてある。育児書ばかりでもなく、本屋さんに行けば、ピンクの表紙の本ばかり並んでいるコーナーがあって、「自分を愛せない人に他人が愛せるはずがない」といった内容が書いてある（らしい）。

レナちゃんのママはきっと、自分探しの本や占いなどからいろいろな影響を受けているのだろうが、そのうちのひとつはこのような言葉だろう。それが嘘《うそ》だと言いたいわけではない。たしかに、幸せそうなママを見ていたほうがつらそうなママよりずっといいのは確かだから。ママになった以上どんなことも我慢して子育てを頑張るというウザ母やかわいそうママをもった娘には、とても役に立つ言葉だ。ママがもっと明るくなってくれたら、娘たちも解放されるところはたしかにあるのだから。

妻・母・女

「セレブ女性」という言葉を知っているだろうか。ママたち向けの雑誌には、ママになっても魅力《みりょく》的な女であることを忘れないように、エステに通い、体型を維持する美しい女性が登場する。彼女たちは良き妻であり、よきママであり、それでいて魅力的な女なのだ。さすがに、浮気《うわき》をしましょうとは書いてないが、「小悪魔《こあくま》的になる楽しみ」なども、こっそりとすすめられている。

これらの「ママ像」もレナちゃんのママに影響を与えている。つまり、妻であり、ママであり、そして魅力的な女であることを全部手に入れることがいいことだ、という考えだ。これに反対する人もいるだろう。たぶん、それは男性だ。自分の妻がそうなると、ちょっと困ると考えるのかもしれない。

でも、あなたはきっと賛成するだろう。私も大賛成だ。女性の多くが、そうできないのなら結婚なんかしたくない、と思っても不思議ではない。

パパのハードルは低い

しかし、ここで妻・ママ・女の三つの言葉を眺《なが》めてみよう。裏側には、夫・子供・男と書いてあることに気づく。そう、その三つすべてを手に入れるには、裏側の三つすべてを犠牲にしないことが条件になるのだ。

パパの場合を考えればよくわかる。パパはこれに逆にして、妻・子供・女を犠牲《ぎせい》にしなければいいことになる。これはとても簡単だ。

仕事をして経済力をもっていれば、それだけで百点とされるのだから、何も犠牲にせずに男・夫・父を簡単に両立させることができる。世間の人たちも、パパに愛人がいることに対して批判するどころか、とても甘い。

ママのハードルは高い

もうおわかりだろう、ママのハードルはとっても高いのだ。

妻としてパパと仲良くしながら、ママとして娘に関心をもって育てること。そして女として好きな人ができたら、パパや娘を傷《きず》つけないようにおつきあいして楽しむ。

これは、とても難しいことだ。よほどの覚悟とスキルがないとできない。秘密を抱《かか》えて、隠《かく》し通さなければならないからだ。レナちゃんのママのように、娘にそのことを全部あけっぴろげにすることは、絶対にしてはならない。

なぜなら、子供が性的に成長するまでは、パパもママも性的な話題や雰囲気を家庭に持ち込まないことが何より大切だからだ。

テレビの画面や雑誌からは性的シーンがどんどん流れてくる。これは不可抗《ふかこう》力《りょく》に近い。だからせめて親だけは努力しなくてはならないのだ。

それでもあなたたちは、性的な話題や雰囲気を家庭の中で敏感《びんかん》に感じ取っているだろう。そのときは、たいてい笑ってごまかしているはずだ。たぶん、危険なものをそこから感じ取るからだ。その感覚は、正しい。いやな顔をしてもかまわない。それらを一切排除するように努力するのが、親の義務あるいは覚悟なのだから。

とても痛いママ

レナちゃんのママは、そんな覚悟とはほど遠い行動に明け暮れている。はたして、何人もの彼をつくりながら、ママは楽しいのだろうか。

少年のような体型で、ピアスをつけたおへその見える腰パンを穿《は》きながら、レナちゃんのママはそんな自分に満足しているのだろうか。

きっとレナちゃんはそう思っていないはずだ。ママの姿から漂《ただよ》ってくるものは、必死にしがみついている「痛さ」だ。四十歳を前にして、若さと痩せた体型にしがみつき、彼氏からのほめ言葉にしがみついている痛さ。

レナちゃんは、そんなママの痛さをどこかで気づいているからこそ、明け方、踊り疲れて帰ってきてはあなたのベッドにもぐりこんでくるママを拒《こば》めないのだろう。いっしょに歩くのが恥ずかしくても、そのことをママには告《つ》げられないのだ。

対策

信じて任せよう

娘であるあなたは、十分ママのことがわかっているはずだ。

だからこそ、傷つけないように配慮しながら、ママにははっきり言ってあげよう。

「ママ、とってもきれいだよ。でも、もう少しふつうのかっこうもしてくれる？」と。

彼のことを聞いてほしい、メールをいっしょに考えてほしい、などと言われたら、きっぱりと断ろう。

「ママの彼の話は、聞きたくないの。パパにないしょのことを聞かされると苦しいの」と。

たぶん、ママは怒るだろう。突然娘の態度が変わったことがショックなのだ。でもがんばって踏《ふ》みとどまろう。あなたの言っていることは、間違っていない。

こうすることで、女としてのママの問題を、娘であるあなたからパパへとバトンタッチすることになる。本来、ママと彼の問題は、パパとママの夫婦の問題なのだから。そこにあなたが巻《ま》き込まれることはない。

パパは、ママを女として扱《あつか》い、寂《さび》しさをすくい取り、痛いママにならないようにやさしくしてあげる義務がある。それが結婚ということだ。

あなたが、ママの話から撤退《てったい》することで、ママとパパは向かい合わざるを得なくなるだろう。それから先、どうなるかはあなたの関与することではない。

二人を信じて任せよう。

だって、あなたを生んでくれたママとパパなのだから。

ちょっとダサくて平凡で

フツ～すぎママタイプ

TYPE

F

証言

「お友達が家族の話をしているのを聞いていると、うらやましいなあって思う。だって私、ママのことで特に話したいことなんかないし、パパだってあまり顔もみ見ないし。ほんとママってフツー過ぎ。特別美人って思わないけど、やっぱり着てるものはダサいかな。

ときどきデパートにいっしょにショッピングに行くけど、ママはたいていバーゲン品のコーナーで一点だけ買うの。私には、雑誌に出てるようなおしゃれな店で、ほしいものをがんばって一点だけ買ってくれるんだけど、ほんとにほしいものは、おばあちゃんにねだることにしてる。私が高校に入ったら、仕事を始めるんだって。たしかに塾《じゅく》にはお金がかかるし、ずっと銀行で働いていたみたいだから、それもいいんじゃないかと思う。ママはおしゃべりってほどじ

ゃないけど、まあまあ話は合う方かな。ご飯のときは、部活の愚痴なんか全部聞いてくれるから、まあ、感謝感謝です。」

傾向

平凡でふつうが大切

読んでいてどこかにほっとするママの姿だ。

もちろん、細かいことはいろいろあると思うが、あえて書かなければならないほどのこともない。毎日がドラマチックではないけど、それほど嫌なことも起きない。

ちょっと退屈《たいくつ》だけれど、ママのことが嫌いじゃない。

これが、平凡《へいぼん》な家庭の姿だ。そしてたぶん、チカちゃんのママは、ふつうのママなのだ。いろいろなタイプのママを書いてきたが、チカちゃんのママと比べてみるとよりいっそうその違いがはっきりするだろう。

チカちゃんから見たママは、ママという人間の一部に過ぎない。そのことは何度も書いたからわかってもらえるだろう。ママにだっていろいろな葛藤《かっとう》や苦しみもあるに違いない。でも少なくともそれを、ママは娘に話したりしてはいない。娘に相談したり、娘を強制的にじぶんの方針に従わせようとしているわけではない。

このことが、チカちゃんにしてみるとふつうで退屈に思えるのだろう。でも、平凡で退屈なことがどれほど大切かは、もっとチカちゃんが大きくなればわかると思う。生きていけば、必ずつらいことや挫折《ざせつ》、他人の裏切り、失敗など数々の苦悩《くのう》があなたを襲《おそ》う。そのときに、生まれ育った家族のことを思って、あの平凡でゆったりとした雰囲気《ふんいき》を思い浮かべ、再びそれを味わってみる。安心してママにいろいろなことを話して聞いてもらった経験を思い出すのだ。

そうすることで、どんな苦労もどんな苦しみも乗り越えていけるはずだ。

対策 言葉で伝える

これだけは、ママにははっきり言わなければならないということは何もない。強《し》いて言えば、パパに「もう少し早く帰ってママの話し相手になってね」と伝えることくらいだろう。

「傾向」のところでも触れたが、チカちゃんのママはふつうだが、ふつうであることは、とても貴重であることを自覚してほしい。いろいろ小さな不満があっても、それはよくあることだし、いずれ解決するはずだ。

おとなになって結婚したいと思う人と出会うこともあるだろう。その際にあなたは、子供を産んだらいいママになれるかしら、と不安に襲われるかもしれない。マスコミにはそんな不安をあおるような情報がたくさんあふれている。でも心配はない。フツーのママの姿を見ているのだから、大丈夫だ。見て、聞いて、触ったことのあること、つまり経験していることは忘れない。それはあなたの財産だ。

自分の経験を頼りに、それを地図にして生きていけばいい。そういうママだったこと、そしてその隣にいるパパに感謝しよう。

どなる、殴るは意味不明

恐怖の謎ママタイプ

TYPE G

不意打ち得意の暴力系

証言

「ママは学生時代にレスリングの選手だったので、わざ掛けがうまいの。パパと言い争いになると、追いかけていってタックルをかけて首を絞《し》めるから、いつもパパはビクビクしている。ときどきそれが私に向かうのが怖い。門限を一分でも過ぎると、玄関《げんかん》でバーンと投げ飛ばされるし、弟なんか小さいときから何度も鼻血を出してたし。教室でお友達が転んでけがをしたとき、私が平気な顔をしてたら、みんなから何無視《むし》してんの、お前ヘンじゃねえ、って言われた。だってあれくらい慣れてるし、しょっちゅう誰か血を流してるからね。

でも時々困ることがある。ママが大声でどなったり、殴《なぐ》ったりするんだけど、理由がわからないの。機嫌を悪くしないようにってがんばってるのに、怒鳴られてしまったり、誕生日のプレゼントも「何、無駄金《むだがね》使ってんだよ」って捨てられた。わけがわからないんで、いつも怒る暇《ひま》もないの。ほんとにママって何考えてんだろ。」

傾向

平気なんかじゃない

毎日起こることに対して、多くのひとは慣れていく。そうしないと、私たちは生きていけないからだ。家族で起きていることは、特にそうだ。

キョウコちゃんもきっとママの言葉や行動になんとか慣れようとしているのだろう。でも、どれだけ努力しても不可能なことがある。

それは、怖かったり痛かったりした経験が、平気になることだ。平気な顔をしている人がいるけれど、実際はそうではない。なんでもないことだと自分に言い聞かせているだけで、実際は恐怖《きょうふ》や苦痛《くつう》の記憶は、深いところでその人に影響を与えている。

する側とされる側

ママのやっている行動を、なんて呼べばいいのだろう。レスリング？　それとも遊び？

たぶん、ママに聞けば、そんなの本気じゃないに決まってるでしょ、と言われるに決まっている。

このように、行動をした人のつもりと、された人が受けた影響は一致しないことがある。子供に対する虐待でもそうだ。テレビの報道で、父親や母親から虐《ぎゃく》待《たい》を受けて死んだ子供のニュースを見たことがあるだろう。あの親たちだって、「しつけのつもりだった」「言うことをきかないので体罰《たいばつ》を厳しくした」と言う。親の言うとおりだと思えば、あれは虐待ではなくなる。

でも、殺《ころ》された子供の立場になると大きく見え方が変わってくる。死ぬほどのしつけを受けなければならない子供などいない、という気になるだろう。このように、する側の意識と、された側の意識はときには正面から対立することになる。

これが「暴力《ぼうりょく》」の特徴だ。

「暴力」と名前をつけよう

キョウコちゃんは、弟が鼻血を出しているのを見て心配になっただろう。ママから大声でどなられたり、叩《たた》かれたりしたとき、痛かっただろうし怖かっただろう。

ママがどんなつもりだったかは大切だけれど、しつけのために息子を殴って鼻血が流れること、娘を叩くこと（それも突然に）はよくない。

それは「暴力」だ。

子供に暴力をふるうことを「虐待」という。キョウコちゃんのママは、二人の子供を虐待していることになる。「そんなひどくないし、ママはそんな人じゃない」と言いたくなる気持ちはわかる。

でも、どれほど弟が言うことをきかなかったとしても、殴る必要はない。まして鼻血を流すほどに蹴《け》ったりする必要はない。ママには頭も口もある。どれほど気に入らなくても、最大限、言葉をつかって接するべきだ。誕生日プレゼントをもらったら、まず「ありがとう」と感謝をこめて受け取るべきだ。それを投げ捨てるなんて、キョウコちゃんに対する心理的虐待といっていい。

卑《ひ》怯《きょう》な暴力

家族の中で起きる暴力には何種類もあるが、キョウコちゃんに関係のある「虐待」に焦点を当ててみよう。

虐待は、それを受けるほうにとっては、「突然、わけもわからず起きる」という特徴がある。

たとえば「おしりペンペンするよー」ってママが追いかけてくるのと、突然蹴られるにではショックが大きく違うだろう。レスリングだって、相手の攻撃に対してあらかじめ準備をして構えているはずだ。不意打ちは、相手の準備もなく、無防備な状態を衝《つ》く。これはもっとも卑怯なことだ。

虐待は、とても卑怯な親の暴力である。

親には親の理由があるかもしれないが、そのことを子供に一言も言わずに暴力をふるう人には、親の資格《しかく》がないと思う。

恐怖と謎が残る

不意に理由も知らされず、暴力や暴言を受けた子供たちは、例外もなく「なぜ?」「どうして」という巨大な謎《なぞ》に包《つつ》まれる。それをママに尋《たず》ねることもできない。もっとひどい仕打ちを受けるかもしれないという恐怖からだ。

そうではなくても、世界はあなたにとって謎だらけだ。どれだけ頭をひねっても、どれだけ本を読んでもわからないことばかりだろう。だから、せめてママやパパは、自分の行動の理由を説明する責任があるのだ。「〜だから〜したんだよ」って後からつけ足して話すだけでもいい。家族だけは、子供にとって見通しのいい明るさをもっていなければならない。

恐怖と謎に支配された子供は、親から見てとてもいい子になりがちだ。「かわいそうママタイプ」のところで述べたように、「私が悪い子だから」という理由ですべてを理解しようとするので、一生懸命にママにとっていい子になろうと、日夜努力をしなくてはいけないハメにおちいるからだ。

だからこそ、多くの親たちは、子供の恐怖と謎で支配しようとしてきたのかもしれない。それがしつけと呼ばれてきた可能性は強い。

対策 言葉で伝える

ママにははっきり言おう。「暴力はやめてほしい」と。

「これは暴力なんかじゃない、しつけだ！」と逆切れされるかもしれない。その時には、「言葉で説明してほしい」と言おう。

これがすべての基本だ。

この世の中の誰も、他人から殴られてもいい人などいない。どなられてもいい人などいない。

ママは他人じゃないから、殴られてもいいと考えている人がいたら、考え方を反転させよう。あなたはママにとって「他人」じゃないから、殴ってはいけないのだ。それほど特別で大切なあなたを殴るママって、いったいなんだろう、と。誰よりも大切なあなたなら、殴りたいのを一生懸命がまんして言葉で伝えるのがママだと思う。

逃げよう

キョウコちゃんのように、ママの暴力が習慣になっている場合、気づかないかもしれないが、どこかでいつも神経《しんけい》をとがらせてママの行動を予測しているものだ。いつもいつも、ママを怒らせないように注意をはらっているので、それがあたりまえになっている。すべては、ママからの暴力を受けないようにするためだ。

ときには、キョウコちゃんの家とは違って、パパが暴力をふるう場合もある。パパの暴力はもっと怖いし、あなたやママにも向かうことがある。

もしかすると、これまであなたが必死になってやってきたことを否定してしまうのかもしれないが、どれだけあなたがパパやママを怒らせないようにしても、それは無駄なのだ。あなたがどんなにいい子でも、反対にひどくわがままな態度をとっても、それとは無関係にママやパパの暴力は起きる。そのことを知ってもらいたい。

だから、あなたが暴力を受けないようにするのが一番大切だ。それには逃《に》げることしかない。

逃げ場所を考えておく

「暴力をやめてほしい」と言った直後に、素早く逃げるのもひとつだ。どこに逃げるかはふだんから考えておく。これを「安全計画」という。

仲のいいお友達の家があれば、そこに一時間くらい居させてもらう。コンビニに買い物に行って時間をつぶすこともできる。自転車に乗って、隣の町まで行ってもどってくるのもひとつだ。事前に安全計画を立てて、そのメモをいつも持っているようにする。

でも、逃げようとするあなたは混乱しているだろう。そんなとき、ケータイのネットで頼れる人を探したり、ひとりで繁華街《はんかがい》を歩いたり、暗い場所でうずくまったりするのは危険だからやめよう。そんなあなたを見て、言葉巧《たく》みに近づいている男性はいっぱいいる。

逃げたあとに家に帰るのが怖いと思うかもしれないが、意外とママはけろっとしていることが多いものだ。緊張してドキドキしながらも、思い切って「ただいま」と明るい声で帰ろう。

とても帰れないほど怖かったら、児童相談所《じどうそうだんじょ》に電話するのもひとつだ。安全計画書の中には児童相談所の電話番号を必ず入れておこう。ママやパパの暴力からあなたが逃げることのできる場所が、ちゃんとつくられている。

勇気をもとう

ここまで書いてきたことをあなたが実行するには、とても勇気が必要だ。そう簡単に実行できないかもしれない。

しかし大切なことは、あなたがママの行動に対して抱いている疑問、恐怖は少しもヘンではないということだ。それを暴力（虐待）と考えるあなたは間違っていない。そう自信をもってほしい。

自分が正しいという確信を持てば、勇気は出るはずだ。

そして、いままでにこの本でいろいろなタイプのママを知ったように、絶対に子どもを殴らない親だって、たくさんいることを知ろう。

それとは逆に、キョウコちゃんのママを知って、自分のママと同じだと思うひとたちもいっぱいいるだろう。

同じような恐怖を抱いているお友達が、日本中、いや世界中にいっぱいいることを知れば、もっと勇気がでるはずだ。

ママにはたくさんのタイプがあることがわかってもらえただろうか。ママの傾向と対策を知ることで、何か変わったことがあるだろうか。

いままで書いてきたことは、ママの研究のためにとても大切なことばかりだ。

LESSON 3

観察と対象化《たいしょうか》

いままでのふたつのLESSONをふまえて、さらにママの研究を深めていこう。

LESSON3では、そのための具体的な研究方法を提案する。あなたがじっさいにできる方法ばかりだし、研究例もいくつかのせてあるから、ぜひ行ってみてほしい。ただ、このときにやってはいけない決まりがひとつだけある。そのことを守りつつ、あなたがあなたのただひとりのママを前にして感じる正直な感覚をたよりに、ぜひ継続して、研究を続けていってくれることを願う。では、最終LESSONへ！

1 研究の成果

「ママを研究する」と聞いて、びっくりした人もいるだろう。研究といえば、夏休みの宿題の自由研究くらいしか思い浮かべることができないかもしれない。偉いおとなが難しい言葉を使って考えて、論文を書いたり実験をすることが研究だと思っていた人も多いだろう。でも、そういうのばかりが研究じゃない。

研究とは、そもそも「どうしてだろう」「不思議だな」と感じて、もっともっと知ってみたいという好奇心から出発する。夏休みの宿題で朝顔の観察研究をするときも、あなたが毎朝、「さあ、今朝は朝顔のつぼみがいくつ付いているかな」、などと好奇心《こうきしん》を持ったことを言葉にしてみれば、研究はとっても楽しいものになるはずだ。

好奇心を持ってその謎を解明していくこと、ただ不思議に思えてたことが段々はっきりとした形になること、それを言葉で表現できるようにすることが、研究の条件なのだ。

一般的には、研究の成果が世の中の多くの人たちに役に立つことが求められている。でも、ママの研究は、何よりあなたのための研究なのだ。世の中の多くの人たちよりも、あなた自身が研究してみてとてもよかったと思えることが大切なのだ。そんな研究もある。

2―「わからない」が研究条件

なぜ青いバラが存在しないのか、なぜキッチンにゴキブリが発生するのか、なぜドローンは空高く飛べるのか……あなたの生活をくわしく見てみると、わからないことだらけだろう。おとなだって同じだ。なぜ電気料金が上がるのか、なぜ勤めている会社の景気が悪くなるのか、なぜ顔のシミが取れないのか……と。いちいちそんな謎にとらわれていると生きていけないので、私たちはみな、そんなことにはこだわらず、そして考えないようにして毎日を暮らしている。

けれども、ママの研究にとって大切なのは、この「不思議だ」、「わからない」という感覚である。「ただいま」と学校から帰ったとき、ママが上機嫌な顔をしている。そのとき、あなたはうれしいな、という感じると同時に、いったい何がママに起きたのだろう、不思議だな、と感じるだろう。ママに対してそんな感覚を抱くことが、ママの研究の第一歩なのだ。

一番望ましいのは、その不思議感をその場で言葉に出してママに聞くことだ。「ねえ、ママ、どうして?」と。それに対してママがちゃんと答えてくれれば、あなたは納得するだろう。でも、ママに対してひどく「わけがわからない」、と感じるときは、そんな質問すらできないときなのだ。不思議だと思っても、それをママに伝えたら大変なことになると感じられるときなのだ。

3　ママには秘密《ひみつ》の「不思議リスト」

ママに対して「不思議だなあ」「わけがわからない」と感じたあなたを、大切にしよう。そこから研究がスタートするからだ。

この二つは少しだけ違っている。わけがわからない、という感覚は、とくに腹立たしい時に湧いてくる。突然どなられたり、黙って部屋に入ってこられたとき、「わけわかんない」と腹が立つだろう。そのとき、どなり返すのもひとつの方法だ。でも、その結果何が起きるだろう。きっとママにはもっとあなたを叱るだろうし、もっと興奮するかもしれない。結果がまずいような方法はやめよう。あなたにとってそれは意味がない。そのときは、頭のどこかで「わけがわからない」→「不思議だなあ」とスイッチを切り替え、「ああ、これは『不思議』リストに入れよう」と考えるのだ。

学校の三者面談の際、ママの服装が?? だと感じたとき、これを「不思議リスト」に入れる。普段とは違ってパパとすごく仲がよさそうだったら、これもすぐに「不思議リスト」に入れる。

こうやって頭の中にしまっておいたリストを、落ち着いたときにノートでもいい、ケータイでもいい、ママについての「不思議リスト」としてメモしてみよう。

文章にして書いてもいいし、めんどうだったら番号を振って項目だけを書いてもいい。左側に日付と時間を書いて、右側に不思議リストを書くようにすると、時間の流れもわかるだろう。

でも、けっしてママには読まれないように工夫をしよう。そう、ママに対するあなたの秘密だ。秘密といってもママを裏切るわけではないので安心してほしい。このリストは、ママとあなたとの関係をずっとよくするために必要なものだからだ。

それにママに秘密を持つことは少しも悪いことではない。あなたとママは、これからだんだんと別の人生を歩んでいくことになる。ママはあなたのことを全部知っていると考えているかもしれないが、そんなことはありえないことを、あなたは知っているはず。あなたが自分のことを全部洗いざらい話してしまったら、きっとママが傷つくと考えたことはあるだろう。秘密を持つことはママへの思いやりでもある。

4 観察の目を育てよう

じつは、ママの研究はここまでかなり進んだことになる。あなたがここまで行ってきたことを振り返ってみよう。

① ママについて「不思議だ」「わけがわからない」と感じることを大切にし、記憶《きおく》する。

② それを「不思議リスト」に書き出す。(ママにないしょで)

③ ひとりになって「不思議リスト」を読み返す。

①〜③について、解説してみよう。

まず、①を実行するには、あなたがママを少しだけ「観察」する目を持っていることが必要になる。「わけがわかんない！」って怒るだけでは、観察の目は育たない。少し離れたところからママをみつめるようにすると、怒りから不思議へとあなたの感じ方が変わる。

きれいなバラの花だって、すぐ近くで見るより、心を落ちつかせ、少し離れたところから眺めるといっそうきれいに感じられるだろう。

すぐ目の前でママが「どうしていつもスマホばっかり見てるの」って大声で怒っていると、あなたはびくびくしてしまうかもしれない。でも、がんばってなんとか観察する目を持つようにする。ママの怒りにおびえつつも頭の中で、「このことは不思議リストに書こう」と決心するだけでもいい。

そうすれば、「ごめんなさい」とママにあやまりながら、あなたはどこかでママの表情を観察することができる。どれくらいママの爆発《ばくはつ》は続くのか、こっそり時間を測ることもできる。何かについて書こうとするには、対象を観察しなければならない。

これを「対象化《たいしょうか》」という。

5 書く――「対象化」してみよう

そうしてリストの存在を意識することによって、つまり、あなたがそこに何かを書き込む以前に、すでに「対象化」が起こっている。

じつはこれが研究の一番の大きな柱だ。

でも、いざ「不思議リスト」に書こうとするとき、言葉がなかなか浮かんでこないのでイライラするときもあるだろう。そう、感じたことを書くのは、それほど簡単ではない。でも、言葉にして書くということは、頭の中や心の中にどろどろとして渦巻いているなにかを、順を追ってかたちにするということだ。もちろん、話すことでも同じ効果がある。でも、ママの不思議についてすぐに話せる相手はなかなかみつからないだろう。だから書いてリストにするのだ。

書いた内容は、紙の上、スマホの画面上に文字として残る。だから繰り返し読むこともできるし、保存することもできる。ママを観察するだけで「対象化」は生まれるが、じっさいに書いてみることでそれはもっと進むことになるわけだ。

Let's try!

さあ、あなたも書いてみよう!!

ママに対して、「わけがわからない」「不思議だなぁ」と思うことを書いてみよう!! 書き方は自由!

No.

Date

不思議リスト

月　　　　日

Let's try!

ママの「不思議リスト」はいろいろだ!!

ママの

☆フシギリスト♡

8月13日

部屋を片付けろって言うくせに、ママのベッドの横はざっしでちらかりほうだい。

リモコンでみぞおちをなぐられた。

きげんが悪いと思ったら急にやさしくなる。

H.Sちゃん

今日（2010年8月6日）のママ、不思議リスト
①鏡に向かってたら、私のうしろに半笑いのママの顔。肌とかおしゃれとか気にすると、かならず半笑いになる
あの人、やりずれー。。。
今日（2010年8月11日）のママ、不思議リスト
②「チンチン～♪」とか言ってもシモは笑って聞き流すくせに、「好きな人がいるよ」というとなぜか凍り付くオカン
③旅行中、窓の外を指して「あ、花！」「あ、家！」とかいちいち声あげる。べつに珍しいモン見てるわけじゃないのに、だんだんイラッとしてくる、、、
④あとこれも旅行中、「次どこ行くんやったっけ？」って何度も聞くのやめてほしい。いいかげん地名おぼえて。頼むし（θëθ）

H.Sちゃん

ママの不思議リスト
7／30→ママのいちばんの謎がコレ！
中学受験して合格したのに、今日もちょっとゴロゴロしてたらすぐ「勉強しろ！」って言う。夏休みだし部活もないんだからいいじゃん！　そんなに勉強させてどうするんだよー！
8／2
メールしてたらいつまでやってんのって怒られた！　自分はしょっちゅうメールや電話してるのに！！　ずるい！！
今日ママが電話してたの部屋で聞いてたら、パパがだらしないとか悪口や私のテストが悪かったとか頭悪いとか言ってた。なんで家の　恥ずかしいことしゃべるんだろうー。

E.Nちゃん

フシギリスト

1　パパにさからわないのはどおして？　イライラするッ！

2　10年ちかく　おんなじコート着てるッ　ボロボロだよ！

3　いっつも家にいてつまんなくないッ！

K.Mちゃん

フシギ

8月10日 リスト☆

きげんが良かったのに
急にきげんが悪くなるのがわけわかんない。

A.Iちゃん

ママのふしぎリスト 7月30日

・よくつっかかってくる

・いつもふざけてる

・いきなりおこる

S.Sちゃん

ママのふしぎリスト

8月15日

★おこると必ずぐちぐち言ってくる。口答えすると手がでる…

イライラするとやつあたりしてくる。

自分のつごうが悪くなると話を別に変える。

（悪いと）

たまにテンションが変になって

名前に「ちゃん」をつけてくる

H.Nちゃん

ママのふしぎリスト

8月19日

人の話をきいてない。

自分のつごうのいい解釈が多い。

J.Tちゃん

2010. 8. 15
ママの不思議リスト
出かけるときはすっごーくきれいにしてるのに……家とのギャップがすごすぎる！　外で会ったらママ、別人だった！　ヘンじゃね？

2010. 8. 17
ママの不思議リスト（前パパとみんなでごはん）
恋人いるみたいなのになんで結婚しないの？　前のパパともすんごく仲良しなのになんで結婚したの？

M.Kちゃん

6　読み返す――冷静になる

ひとりになったとき、ノートやケータイの「不思議リスト」のメモを取り出して、それを読み返してみよう。そこにはあなたがママについて抱いた「わけのわからなさ」「不思議」「疑問」が書かれている。書いたときから時間が過ぎているので、どうでもいいと感じられる内容もある。

でも、なんど読み返しても不思議なこともいっぱいあるだろう。

ママはなぜあのような服装をするのだろう、ママはなぜ、食事をつくりながら突然大声でどなるのだろう。ママはなぜパパと結婚したんだろう。不思議リストにはいっぱいママの謎が詰まっている。書いたときは、イライラしたり、頭にきていた内容も、読み返してみると冷静に考えることができるはずだ。ここでさらに「対象化」は進む。

7　研究時の禁じ手

「こんなことを不思議と思っていたんだ、よく考えてみれば別に不思議でもなんでもない」ということもあるだろう。「ママがパパと結婚したのは、やっぱり愛し合っていたからだ、間違いない」と自分で納得する理由が出てくることもある。

ときには、「やっぱり私がママとの約束を破ったからだ」というママを怒らせた理由を考えつくこともあるだろう。これは、たぶんママにしてみればうれしい答えだ。きっとそう考えてほしいからママは怒鳴ったりケータイを取り上げたりするのだから。

でも、よく考えてみてほしい。「私のせいだ」、という理由で説明のつかないことなどない。すべてが同じ理由から生じるなんて、そんなものは理由にも説明にもなっていない。たとえば、交通事故に遭《あ》ったとき「運が悪かった」から、という理由や説明がまったく意味がないのと同じことだ。

だから、私が悪い子だから、という理由だけはやめることにしよう。いくらあなたが「悪い子」だったとしても、それは、わけのわからない態度をとったママの責任がある。ママの態度を不思議だと感じても、その理由を聞けないような雰囲気をつくったママに責任があるのだから。

8― 研究の区切り目

あなたが頑張って考え抜いても、ママの態度やその意味がよくわからないこともある。たぶん、ママにしかわからないだろうし、ママも理由なんか考えずにやったことかもしれない。しばしば、理由はあとから付けられることが多いものだ。

そんなときに役立つのが、じつはママのタイプ分けだ。

もう一度この本の巻頭のチャートを見てもらいたい。そして、LESSON2のそれぞれのタイプの傾向と対策を読んでもらいたい。ママがどのタイプに近いのか、どれにぴったりなのかが、あらためてわかるだろう。ママの不思議リストに対する答えがそこにみつかるかもしれない。もしくはヒントが与えられるかもしれない。

なるほど、と思うか、それともショックを受けるか、どちらでもいい。これまでママについて頭の中で想像してきたり感じたことが、まるでゴチャゴチャにいろいろなものがつめこまれたおもちゃ箱状態から、タイプ分けを経て、その傾向と対策が見えてくるだろう。そうすれば、あなたのママについての研究は、とりあえず区切りがつく。

9―研究は、なぜ必要？

ママの研究とは、このようにしてママの対象化をどんどん進めることだ。

中には、ママをこっそり観察して秘密のメモをつけるなんて、ママに失礼じゃないかと思う人もいるかもしれない。たとえば、隣のおばさんにたいして、こっそり不思議メモをつけることは失礼だ。

でも、ママは違う。ママはあなたが生まれてから今まで、そしてあなたが成長しておとなの女性になり、ときには結婚してからも、誰よりも近しい同性であり続けるからだ。

びっくりするかもしれないが、世の中の多くの人たちは、ママを「対象化」などしてはいけないと考えている。ママは特別な存在だと考えているひとは驚くほど多い。

しかしこのことこそが、娘であるあなたたちにとって、ときにはつらく苦しい影響を与えてしまうのだ。もう経験ずみかもしれないが、あなたとママが対立したら、なぜかたいていの人はママの味方をする。それはとても理不尽だと、私は考えている。しかし、世の中の常識をすぐに変えることはできない。

だから、あなたたちのほうから進んでママを理解し、ママとのつきあいかたをみつけていかなければならない。そのために必要なのが、「ママの研究」なのだ。

10 ママを、ずっと好きでいるために

さてここで、研究の段階を振り返って、ぜひ考えてみてほしい。この「LESSON3」のママへの観察から始まる1から7、そして8でふたたび確認した「タイプ分け」までを読んで、あなたがもしも、「よし、私もママを研究してみよう！」と思ったとしたら、あなたをそう思わせている理由とは、いったいなんだろう。

ママの言動にちょっと腹が立ったからかもしれないし、どうしようもなく怖いと感じているからかもしれない。でも、その一番底にあるのは、たぶんママへの好奇心なのだ。

ママという人間、ママという女性に対する好奇心があなたを研究へと向かわせる。好奇心というと、興味本位におもしろがることだと解釈されるかもしれない。もちろんその意味も含まれるが、好奇心にはもっと広く深い意味がある。

私たちは自分自身に関心を持っている。私ってどんな人間?私はほんとは何がしたいの? という疑問をいつも抱いている人は多い。そして同じくらい、私たちは、自分以外の人間（他者）に深い関心を抱いている。そして、他者の目にうつる自分にも関心を抱いている。

関心を抱くことは、私たちと他者を結びつける大きな役割を果たす。あなたも、自分がお友達から関心を持たれているかどうか、すぐわかるだろう。あなたに関心をもっていない人とは、あまりお友達にはなりたくないと考えるだろう。

好奇心は、関心よりもっと生き生きとして、もっと楽しげだ。ファッションに好奇心を持つひとは、ショッピングするときとっても楽しそうだ。トイプードルに好奇心を持つ人は、ペットショップでその犬を眺めるときに、生き生きとしている。

「ママを研究してみよう!」と思った時点で、もうあなたはママに好奇心を持っているのだ。どうか、あなたが生き生きとして楽しげに、ママの「対象化」

郵 便 は が き

恐縮ですが、
切手をお貼り
下さい。

101-0051

（受取人）

東京都千代田区神田神保町三―九
幸保ビル

新曜社営業部 行

通信欄

通信用カード

■このはがきを，小社への通信または小社刊行書の御注文に御利用下さい。このはがきを御利用になれば，より早く，より確実に御入手できると存じます。
■お名前は早速，読者名簿に登録，折にふれて新刊のお知らせ・配本の御案内などをさしあげたいと存じます。

お読み下さった本の書名

通 信 欄

新規購入申込書 お買いつけの小売書店名を必ず御記入下さい。

(書名)	(定価) ¥	(部数) 部
(書名)	(定価) ¥	(部数) 部

(ふりがな)
ご 氏 名　　ご職業　　(　　歳)

〒　　Tel.
ご 住 所

e-mail アドレス

ご指定書店名	取次	この欄は書店又は当社で記入します。
書店の住 所		

を進められるようにと私は願っている。ママという人間をどこかで楽しみながら観察し、研究を進めてほしい。

なぜなら、ママから少し距離をとって、ママを対象化してみることは、ママとこれまでよりずっと楽しい関係を生み出すことにつながるはずだからだ。

好奇心は、愛情がなければ生まれない。

ママのことを、ずっと好きでいるために、ママを研究するのだ。

おわりに

いままでに「ママ」が研究されてこなかったその理由、そしてあなたとママのハッピーな関係を願いながら

私がこの本を書こうと思ったのは、何をかくそう、ママの「対象化」がどれほど難しいかを、いやというほど味わってきたからだ。あなたやママよりずっと年上の女性たちが、いつもそのことをカウンセリングで語ってくれたので、私にはそれが痛いほどよくわかった。

よく考えてみれば、その女性たちがまだ少女だったころ、「ママを研究する」

などということを考える人などいなかっただろう。おそらく、彼女たちも少女時代には、その胸の中に、ママについての疑問や、ママに対して不思議に思うことをいっぱい抱えていただろう。でも、それを言葉にして出すことはできなかった。すでに述べたように、社会の常識がそれを認めなかったからだ。

ママを批判的に見ること、ママを否定《ひてい》すること、もっといえばママを捨てたいと思うこと。これらは、いくら心の中でその思いにとらわれたとしても、絶対口にしてはならなかった。それから長い時間が経った今でも、ママについての常識はそれほど変わっていない。

あなたにもわかるように、ママだってひとりの人間だし、ひとりの女性だ。だから完全な人間なんかじゃない。でも、不思議なことに、多くの人たちはママというだけで「母性愛《ぼせいあい》」でいっぱいのやさしさで満《み》たされた姿を想像してしまう。

この本は、そんな常識に少しだけ抵抗するために書いた。

あなたにとって、ママはたったひとり。ママについての経験はひとり分だけだ。けれども「ママ」だってじつはいろいろなタイプがあるということがわかるだけで、どれほど気持ちが楽になるだろう。

なぜなら、あなたのママだけの、あなたのママしかいない世界の扉《とびら》が開いて、さまざまなタイプのママがいる広い世界に入っていけるからだ。

その世界から眺めると、あなたのママの問題点や、もっと努力してほしいところがよく見えるはずだ。そしていつもママから評価ばかりされているあなたが、こんどはママを評価することができるようになる。その上でママのわからなさを「不思議リスト」に書き込み、ママとの関係を距離をもってながめ、考えてみることができれば、あなたはもっとママから自由になれる。「私が悪いのかも」と自分を責めることも減るだろう。

ママだけの世界から一歩踏《ふ》み出すことで、あなたの世界が始まる。こうして、あなたは自分の人生のスタートラインに立つことになる。

カウンセリングに来ている女性たちが、そんな可能性に少女のころに出会っていれば、ママともっと違うつきあいかたができたかもしれない。技術と知識と観察、つまり研究を通してママを対象化できたかもしれない。そうしたら彼女たちはそれほど苦しむこともなかっただろうし、別の人生を歩んだかもしれない。

あなたが、この本を読んで、ママに好奇心を持ちながら距離をとれるようになることを希望している。

そしてなにより、それがママへの愛情だと信じてほしい。

増補①
ザ・パパも研究

そういえば、何か足りない？

ここまで読んできて、疑問を抱くひとがいるだろう。何か足りないんじゃない？　と。そう、あなたにとってもうひとりの親であるパパについて、あまり触れてこなかった。

家族は、父・母・子から成り立っている。こう考えると、パパに触れることが少なく、ママだけを研究することは、公平を欠《か》き望ましくないという意見もあるだろう。

しかし、あなたたちの家族において、パパはそれほど存在感がないんじゃないだろうか。もちろんママがいなくて、パパと暮らしているひともいるだろうし、その逆の場合もあるだろう。また、ママが仕事に出てパパが家に居《い》ながら家事を全部引き受けているというひともいるだろう。それでも、たぶん、ママの存在感のほうがパパのそれより大きいと思う。

特に女の子の場合、同じ女性であるママは、自分の将来の姿と重なったり（これを「ロールモデル」という）、時にはママのようになりたくないと反発したりする。それほどママの存在は大きいのだ。

だから、パパをとりあげて研究のテーマにすることはとても難しい。ママほどバラエティに富んでいるわけでもなく、ママほど自分のことをあなたたちに語るわけでもないからだ。誤解してほしくないが、そんなパパをいけないと批判しているわけではない。むしろ存在感が薄いパパのほうが、次に述べるパパたちよりずっと望ましいと私は考えている。「空気のような」というたとえのように、いるかいないかわからないという存在はむしろ貴重なのかもしれない。

存在感が大きなパパって

パパがとても大きな存在感をもっている場合、たいていそれはとても不快《ふかい》で不幸な事態《じたい》を伴《ともな》っている。

たとえば、家に帰ってくるときはいつもお酒《さけ》に酔《よ》っていて、ママと口論《こうろん》になったりするパパ。あなたの部屋に酔って入ってきて、勉強を強制したり服装についてて文句《もんく》をつけたりするパパ。

気に入らないことがあるとすぎにキレて物を壊したり、ママや、ときにはあなたに暴力をふるったりするパパ。

お酒は飲まないけれど、とても厳しいパパもいる。「ただいま」と帰ってくると、家じゅうの雰囲気《ふんいき》がこわばり、いっしょに食事をすると緊張《きんちょう》のあまり、料理を味わうことすらできない、なんてこともある。

あなたやママの言葉や行動のなにかしらが、パパの機嫌を損《そこ》ねたとたん、どなったり不機嫌をまる出しにして口をきかなくなってしまう。そんな地雷《じらい》を踏《ふ》まないために、いつもパパの機嫌を伺《うかが》っていなければならず、あなたはくたくたに疲れてしまうだろう。

あなたにとってパパの存在はとても大きい。なぜなら日々の生活を脅《おびや》かし、家に帰ってからの安心感を奪《うば》う存在だからだ。ときには、ママのことを苦しめるパパは、「父親と思いたくない」存在となる。

「あんなパパ。いなくなってほしい」としか思えないパパは、怖くて不快、そして邪悪《じゃあく》な「負の存在」でしかない。それほど嫌いじゃないけど、あまり顔を合わせないし……というあなたにとっても、ママの時と同じように、パパをタイプ分けしてみるとその姿がはっきりしてくるだろう。

その場合の切り口は二つある。ひとつはママの夫としてのパパ、もうひとつは、あなたの父親としてのパパだ。この二つを組み合わせてみると、パパのタイプが浮かびあがる。

パパにもタイプがある

①ママにはやさしいパパ、でも私には

仕事でふだんは家にいないパパは、たまの休日はママと二人でテニスに行く。私はいつも塾があるので別行動。ママの誕生日には高そうなブランドのバックを買ってくるのに、私の誕生日プレゼントにはセールで値引きされたスニーカー。仲がいいのはかまわないけど、いったい私のことはどう思ってるんだろう……。

こんなパパに少し不満を抱いてしまうかもしれない。でもよく考えてほしい。その不満は自分とママを比較することから生まれている。パパにとってママは妻だ。たぶん愛し合って選んだ女性のはずだ。そしてあなたはその結果生まれた娘なのだ。だから、パパにとっては、娘であるあなたとママとは比較なんかできないのだ。そしてあなたも比較してはならない。むしろ、そんな仲のいい

両親であることに感謝しよう。パパから愛されていると感じていれば、これからの人生をなんとか乗り切っていけるという安心感を、ママはきっと抱いているだろう。そのことは幼いころからあなたにも深い影響を与えているはずだ。未来に広がる長い人生を想像するとき、将来の結婚について考えるとき、両親の仲のいい姿はきっとあなたの助けになると思う。

②私にはやさしいパパ、でもママには

仕事から帰ってくると、いつも私の部屋にやってくるパパ。ベッドで横になっていてもおかまいなしだ。さすがに減ってきたが、私の髪を撫《な》でたり、ハグしたりすることもある。「〇〇の結婚式には出ない、ずっとパパのそばにいてくれるよね」っていうのが、お酒に酔ったときの決め台詞。ママはそんなパパを軽蔑《けいべつ》してるみたいで、無視してる。パパを断るのもかわいそうだし、いったい私はどうしたらいいの？

このようなパパのことを一般的には「娘を溺愛《できあい》する父」と呼ぶようだ。

しかしよく考えてみよう。これはママの気持ちを無視してはいないだろうか。愛し合って結婚した相手であるママを無視するなんて、ママが傷つくに決まっている。さらにもうひとつの問題は、そんなママを見ていると、あなたが悪いことをしているような気持ちになることだ。つまりパパの行為《こうい》は、ママを傷つけるばかりでなく、娘であるあなたに深い罪悪感《ざいあくかん》を抱かせていることになる。

そのうちに、ママとあなたの関係は徐々に悪くなるだろう。タイプ①で、娘とママは比較にならないし、してはならないと説明した。パパはたぶん、ママが娘に嫉妬することをどこかで期待しているのかもしれない。つまりパパは、妻が娘と比較し合い、競争するように仕向けているということだ。そして、いつもパパはその中心にいる。あまりにジコ中で自分勝手じゃないだろうか。それはあってはならないことなのだ。こんな行為を溺愛と読んで許してはいけない。

あなたという娘をまるでペットのようにかわいがっているだけなのだ。そう自覚しよう。そしてパパにはっきりと言おう。「ママのほうを大切にしてね」と。そしてパパの行為がちょっと性的で不愉快《ふゆかい》だったら、「パパ、やめて。とってもいやなの」と断ろう。それはパパを傷つけるかもしれないが、そもそもパパの行動こそが、やってはならないことなのだから、あなたの発信は少しもまちがってはいない。そう自信と勇気をもってほしい。

③ママにも私にも冷たいパパ

家にいてもパパとママが話しているのを見たことがない。いっしょにテレビを見ることもない。そもそも家族で誕生日を祝《いわ》ったことがない。ごはんもバラバラだし、けんかもない。パパもママも実家との付き合いがないので、親戚づきあいもない。家族ってこんなものかと思ってるけど……。

まるで「ないないづくし」の家族に思えるけれど、そのことが問題だという断言は避けよう。この本でママの研究を勧《すす》めてきたひとつの理由は、こういうママでないといけない、こういうママだとあなたは不幸だ、といった決めつけを避《さ》けるためだった。

なぜなら、大切なことはあなたたちがどう感じているか、どう判断するかという点にあるからだ。こうあるべき家族、望ましい理想の家族を想定して、それを目指しましょうという本にはしたくなかった。

だから、バラバラだけれどこんなものかと思っていれば、それでいい。もしもその状態が、寂しい、何か手ごたえがない、虚《むな》しいと感じたら、そこからあなたの問題が始まるのだ。その感覚を大切にして、パパかママにそう話してみよう。もしくはパパとママがいっしょにいるときに「うちはどうして会話が少ないのかな?」「ご飯食べながら、もっとおしゃべりしたいな」と話しかけてみよう。

そうすると「ええ、そうかな?」とママから意外な反応が返ってくるかもしれない。パパとママは、あなたが知らないだけで、結構、意志が通じ合っていたりするかもしれない。

もしも、そう話しかけてはいけないのではないか、とあなたが感じたらそれはなぜなのだろうとさらに考えてみよう。

その言葉を口にしたら、家族の何かが壊れてしまうと思ってはいないだろうか。それ自体、とても親のことを思っているやさしさの表れだけれど、あまりに負担が大きすぎる。家族が壊れないようにと努力することは、あなたからすべてのエネルギーを奪ってしまうだろう。そんな配慮《はいりょ》を一番強く持たなければいけないのは、パパだ。自分の態度や言葉が家族を壊すのではないかという気遣いを、パパにこそ持ってもらいたい。

あなたが何を言っても家族は壊れることはない。

そう信じて、勇気を出してパパに言いたいこと、聞きたいことを伝えよう。

あいまいにせず、主張して

望ましい家族、理想の家族を目指すかわりに、やめてほしいとあなたが思うことを具体的に伝えてみよう。

パパに対してやめてほしいことはたくさんある。たとえば、暴力をふるわないでほしい、どならないでほしい、ものを壊さないでほしい、無視をやめてほしい、ということだ。もしパパがそんなことをしたときは、勇気を持って「それは暴力だ」と伝えよう。

あなたたちの中には、パパから殴られたり蹴られたり、あるいは無視されたりした経験のあるひとがいるかもしれない。それをママに訴えると、ママを苦しめると思ってひとりで抱えこんでいないだろうか。どれも悲しくつらいことだが、それはあなたにさまざまな影響を与えている。

大切なことは、そのことをあいまいにしないことだ。なかったことにしないことだ。どんな経験も取り返しがつかないことはない。それどころか、振り返ってみることで、これからのあなたにとって役立つポイントが見えてきたりする。まして暴力をふるったのはあなたの親であるパパなのだから、ちゃんとあやまってもらおう。

たいてい「○○が言うことをきかなかったからだ」とパパは言うだろう。たしかにパパの言うことをきかなかったことはあなたの問題かもしれない。しかし、それが殴られたりしてもいいことにはつながらない。どんな理由であっても、暴力を肯定《こうてい》することはできないし、すべきことではないのだ。

「そのことは私が悪かった、ごめんなさい。でも、パパもちゃんと言葉で伝えてほしい」と主張しよう。

必要なのは言葉と「勇気」

パパとの関係は、おそらくママに対して以上に、このようにいっぱい言葉を使わなければならない。

パパやママが仕事をするときに、感情や気持ちが邪魔《じゃま》になることがある。なぜなら、気分しだいで仕事のやり方が変わっては困るからだ。特に男性は、おとなになるにつれて、社会の中で感情や気持ちを表さないようになる。

そしてそのぶん、言葉を使った「論理的説明」が多くなるのだ。

パパたちは、心のどこかで、感情的になることを軽蔑《けいべつ》しているのかもしれない。ママとは「ねえ」にひとことで伝わるものも、パパには、言葉が必要になる。

だから、パパとつながるためには、あなたにも言葉が必要になる。けれどもそれは、決して感情や気持ちを無視することではなく、より自由に、感情や気持ちを伝えられるようにするためなのだ。

特に、してほしくないこと、してほしいこと、を言葉で伝えることがこれからもっと必要になるだろう。

その都度あなたに必要なことは、「勇気」である。

勇気がないときは、ママに応援してもらおう。代わって伝えてもらってもいいけれど、そうするとあなたとママ対パパという二対一の関係ができやすくなる。それはパパとの関係をさらに疎遠《そえん》にするだろう。

ここまで読んできて、勇気なんてもてない、やっぱり自分には無理だとあきらめたくなるひともいるだろう。

じつは、勇気とは、自分ひとりではなかなか湧いてこないものなのだ。「わかるよ」って、話を聞いてくれる友達、おなじような経験をしているひとたち……。自分のそばで、少し離れたところで、
そして日本中で、こんな自分を応援してくれるひとたちがかならずいると思えることで、はじめて勇気が湧いてくるのだ。

この本は、そんなあなたを応援《おうえん》するために書いた。

どうか、この本の背後に、あなたを応援するとてもたくさんのひとたちを感じとってほしい。そうすれば、たぶんあなたにも少しずつ、勇気が湧いてくるだろう。

言葉を使わなくても気持ちが通じ合うのが家族なのではない。

だから、がんばって言葉で伝えよう。

「絆」ってなんだろう？

ここで、つけ加えておかなければならないことがある。それは、言葉が通じない、言葉が受けつけてもらえない場合のことだ。じつは、そういうパパはとても多い。

社会の中で、感情を伴わない言葉ばかりを使っていたりすると、家族だけは言葉なしでも通じるはずだとなぜか思い込んでいるパパは珍しくない。そうすると、言葉のかわりに、怒鳴ったり殴ったりすることになりがちだ。

もしもあなたのパパがそうだったら、自分が傷つかないようにしよう。ママの研究のところでも述べたように、暴力から逃げることを最優先にするのだ。そこには、安全計画が必要になる。

できれば、ママにも相談して自分を守ってもらおう。二対一になるかもしれないが、あなたが、そしてママも、暴力を受けないようにすることがなにより大切なのだ。

暴力をふるわないパパだけれども、まったく言葉が通じない、言葉が返ってこない場合は、あなたの期待をレベルダウンさせよう。

「わかってもらう」ことを期待せずに、パパの耳に言葉が聞こえていればいい、とだけ考えよう。

あなたの声や言葉がパパのどこかに記憶されていれば、パパはいつかそれを想い出すときがくるかもしれない。

とても虚しいことに思えるかもしれないが、あきらめずに続けよう。

家族なんだから、気持ちが通じていれば、言葉はいらない。と、そう考えられてきた。これを「絆」と呼ぶとするなら、あなたたちに必要なのは、絆ではない。

増補②

ザ・ばぁばも研究

あなたはママのママのことを、どう呼んでいるんだろう。おばあちゃん、ばあちゃん、ばぁば、グランマ？　それって自分で決めた呼び方だろうか、それとも生まれたときから周囲がそう呼んだのでいつのまにかその呼び方になっているのだろうか。最近いちばん多いのがばぁばだ。これが定着した理由は、祖孫が生まれてもおばあさんというイメージを自分で受け止められない女性が増えたからだろう。でも、女性が年を取ると「おばあさん」か老女としか呼ば

れなかったころに比べると、いろいろな呼び方の選択肢ができたことは、ほんとうによいことだと思う。

女性の平均寿命《じゅみょう》は年々伸び続け、百歳越えが七万人に近いのだから、びっくりだ。四十代や五十代で孫が誕生した女性が、わたし、おばあちゃんなんて呼ばれたくない、と思うのも当然かもしれない。日本昔話に出てくるおばあさんは、しわくちゃで、腰も曲がっている。昨今《さっこん》、白髪《しらが》をひっつめた「おばあちゃん像」は、『サザエさん』や、料理番組の「家庭の味」を伝授《でんじゅ》する料理番組くらいにしか登場しない。

社会全体が老いを拒否《きょひ》し、若々しくあるべきだと強制されるようにことで登場し、堂々と定着したばぁばだが、そのありあまるエネルギーゆえにさまざまな問題を生じさせている。

「ばぁば」あるある大事典

①ママの悪口吹《ふ》き込《こ》むばぁば

小さいころから、ママの悪口をばぁばから聞かされたことはないだろうか。

「ほんとにあの子は冷たいね、あんなママで○○はかわいそうだね、でもばぁばだけは味方だからね」

「ばぁばはずっとママに苦労させられてきたんだよ、小さいころから全然言うことを聞かないで、そのくせ全部ばぁばのせいにするんだからね。気が強くて偉そうなことは言うけど、学校の成績はひどかったんだよ」

といった具合に、ふたりっきりになるとママの悪口を言われる。

時にはパパの悪口を聞かされることもあるが、たいていそれはママとあなたは自分の家族、パパはよそ者という構図を定着させるためだ。パパの人間性というより、仕事の内容や経済力のなさを嘆《なげ》き、ママもあなたもかわいそうという落としどころとなる。

パパの悪口は、聞いていてもそれほどショックだったりいやな気分にはならないかもしれない。たぶん、ママから同じことを聞かされているからだろう。でもママへの悪口は違う。ママのママであるひとが、ママの娘であるあなたに、娘の悪口を言うのだ。それを聞かされるときの感覚はどう表現したらいいのだろう。ママと自分の間にくさびを打ち込まれたような感じ、とでも言えばいいのか。たとえママから体罰を受けたり、ののしられたりしていたとしても、ばぁばのことばにあなたは同意できないはずだ。

たぶんばぁばは誰に対しても、そこに居ない人の悪口を言って、自分のほうが被害者だと訴えて味方に引き入れることをやってきたのだ。これを分断統治《ぶんだんとうち》という。家族はこれによって敵と味方に分かれ、バラバラになり、悪口を言う人が情報をコントロールし、結果的には家族の中心となるのだ。腕力《わんりょく》が弱く、経済力もない母や祖母たちは、しばしばこうやって情報の流れを操作して家族を支配してきたのである。

そんな時の対応は大変むつかしいので、黙って聞いておくことが一番無難《ぶなん》だ。否定も肯定もしない態度は、今後人生を歩んでいくとき何度も必要になるので、そのための訓練だと思って曖昧《あいまい》な態度でやり過ごそう。

「そんな内容は聞きたくない」とはっきり断るのは、正しい。でも正しい行為しかできないと、日本の社会では生きづらくなりがちだ。残念だが、それは事実だ。ばぁばがそれで「ごめんね、ばぁばが悪かったよ」とあやまるはずはない。「〇〇はママにそっくりだね、」と嫌味《いやみ》を言われのがオチだろう。それではばぁばときまずくなってしまえばあなたが損をする。そのあたりの計算、見積もりが瞬時《しゅんじ》にできるようになることが、おとなになるということだ。この国で適応的《てきおうてき》に生きることを学ぶ場は、家族なのだ。

ばぁばがママやパパの悪口を始めたら、こころのなかで「悪魔の囁《ささや》きが始まった」とつぶやき、肯定も否定もしない表情をつくって黙って聞き流そう。繰り返すが、それは日本の社会で生きていくためにとても大切な訓練なのだ。もちろん悪口の内容はママには言わないでおこう。ママがどういう親子関係の中で育ったのかが理解できる糸口になったりするので、ばぁばをとおしてママの研究も進むかもしれない。

②お金出す出すばぁば

ママがダメということも、ばぁばに頼《たの》めば「いいよ〜」と返事が返ってくる。ちょっとおしゃれな靴《くつ》が欲しいときは、ばぁばにこっそり頼んでプレゼントしてもらう。ママは「そんなに甘やかして」と言いながら、自分がお金を出すわけじゃないので結果オーライになる。誕生日プレゼントも、ママのほうから、高いものはばぁばから買ってもらおうね、などと言うので、最後の頼みの綱《つな》はばぁばなのだ。

小さいころから、ママが仕事で夜遅いときやお出かけのとき、ずっとばぁばが面倒を見てくれたりもした。おそらくあなたが育つために、想像以上に大きな役割をばぁばは果たしている。そのことを霊長《れいちょう》類《るい》研究者である山際寿一《やまぎわじゅいち》氏は「おばあちゃん効果*」と呼んだりしているので、それはけっこう普《ふ》遍的《へんてき》なことかもしれないし、あなたにとってもいいことなのだ。

ママしかいない（パパはどこにもいない）、ママと自分の世界だけがすべてというのは、危険である。閉じた家族ほど怖いものはない。父親の役割はもちろんだが、祖父母の存在も、母娘の閉じた関係に風を吹き込むことができる。

それでは「いいよ、いいよ、〇〇のためなら惜しくないよ」と相好《そうこう》を崩《くず》してお金を出すばぁばに問題はないのだろうか。ばぁばがママの育児方針を承知していること、ママとのあいだに目に見えない協力関係があることが、必ず条件となる。そうでないと、ばぁばはお金にあかせてあなたをばぁばの世界にどこまでも引き入れていく。お金に関しては、ばぁばとあなただけの秘密をつくらないほうがいい。なぜなのか。ばぁばは、あなたの成長に対して「責任がない」からだ。

ママがあなたの言うがままに物を買い与えないのは、成長やしつけに責任があるからだ。お金を大切にすること、計画的な遣《つか》い方などを教える責任を感じているから、ダメ、我慢しなさい、などと言うのだ。もちろん経済的に苦しいせいもあるだろうが。

それに対してばぁばは、あなたの成長に責任がない。このことが、ばぁば（ときにはじぃじ）の溺愛《できあい》を生み、孫ほどかわいいものはない、という底知れぬ感情につながるのだ。だからあなたが、なんでもお金を出してあげよう、というばぁばを利用するうちはいいけれど、いつのまにか「欲しいものを手に入れるために、なんとか自分で工夫しなければ」という感覚をなくしていく危険性に注意しておかなければならない。

だから、お金に関しては、ばぁばの出費をママにちゃんと知らせるようにしよう。叱られるかもしれないが、ママの子どもである以上、それは最低限の義務だと思ってほしい。

③ママから嫌われるばぁば

ママの悪口を言って聞かせるばぁばについて述べたが、その逆でママがばぁばの悪口を言う場合もある。小さいころから、ばぁばからひどいことをされた、ばぁばのせいで自分の人生が狂《くる》った、とずっと言って聞かされ続けた娘は多い。そんなママは、子どもを母親（ばぁば）に会わせたがらないものだ。さまざまな理由でママがばぁばと絶縁《ぜつえん》していて、ばぁばの存在を知らされないできた人もいる。ママは、娘の成長に伴って、「私のばぁばはどこにいるの」と尋ねられるときが来るのを、心から恐れている。

小学校入学をきっかけに、十年ぶりに自分の母に娘を会わせる決心をした人もいる。彼女たちは悩みぬき、「私は母と絶縁できたとしても、子どもから祖父・祖母を奪うことはできないのではないか」と考え、娘と自分の母を会わせることにしたのだという。

もしあなたのママとばぁばがそんな関係だったなら、ママの気持ちを大切にしながらも、自分の目でばぁばを見よう。ママとあなたは違う人間なのだから、ママにとっては絶縁したいようなばぁばだったとしても、あなたにとってはただのやさしいばぁばかもしれない。初めて会ったとき、「なんてきれいな髪なの！」と言ってそっと髪を撫《な》でてくれたり、おいしいアイスを食べにつれてってくれたら、あなたはうれしいだろう。やさしいばぁばだとおもうだろう。その感覚は大切にしよう。

きっとママも、そんなあなたと自分のママとの関係を受け入れようとするはずだ。とても複雑な思いや感情がママには湧いてくるに違いないが、それをぐっと抑えて、これから始まる新たな母親との関係に踏み出そうとする。それはひとえに、あなたからばぁばの存在を奪わないためなのだ。そのことがわかるようになれば、あなたはママに感謝するだろう。

ママが決して許さないばぁばとあなたがなかよくすることに、あなたは罪悪感を抱く必要はないのだ。

④孫を奪《うば》いたいばぁば

ママとばぁばがいっしょにいるときの空気はどんなものだろう。二人がお互い軽く言い合いなどして笑っている、ママが「疲れるのよね〜」と愚痴を言うのをばぁばが聞いてあげている。ときには三人で露天風呂《ろてんぶろ》につかり、「いい湯だね」と星空を眺める……。パパと居る時とは違ったママがそこにいる、まるであなたが生まれる前の母娘に戻ったかのような、そんな光景が繰《く》り広げられている。ママは心底《しんそこ》ゆったりしていて、あなたもそんなママの姿にゆったりしてしまう。

ところが、ばぁばの前に出るとすごく緊張するママもいる。ふだんはそれほどでもないのに、ばぁばの前だと「ダメじゃない」と、あなたをきつく叱るのだ。まるでばぁばに対して「子どものしつけはしっかりやっている」ことを証明するかのようだ。学校の先生に宿題を提出するような態度なのだ。その緊張は、子どもにも伝わるはずだ。

ばぁばは、そんなママの態度に決して合格点を与えない。「このままじゃ○○中学は受からないじゃないの」「あなたはいつも中途半端でやめたけど、この子だけはバイオリンをやめさせないでね」。

ばぁばの言葉は、ママにとって何かの宣告のようだ。ひとことも言い返さないどころか、緊張したママは「がんばります」「わかりました」と答えるだけだ。ときには冷や汗をかいていたりする。中学受験の模試の偏差値《へんさち》がちょっとでも下がると、ママはヒステリックに怒ったり、時には心臓のあたりを押さえてうずくまったりする。それは、たぶん、ばぁばから叱責《しっせき》されることの恐怖からなのだ。

そんなばぁばは、音大の先生だったり、有名な音楽家だったりする。ときにはじぃじやおじさんなどもみんな医者だったりする。そんな一族のもとに生まれついた場合、多くは同じ階層につくことを期待される。つまり、そこを降りることは許されないのだ。けれどママは、一族の中で期待外れの存在だったのだ。だからその娘であるあなたは、敗者である出来損《そこ》ないのママを挽回《ばんかい》することが期待されている。

ばぁばにとってのあなたは、ママの娘であるよりも、ママよりはるかにできのいい次女のようなものなのだ。

このように、ときにばぁばママから孫を奪い、期待の星として育てようとすることがある。母が娘に敗者復活の戦いを強いることはしばしばあるが、娘で果たせなかった夢と期待を孫によって実現させようとするばぁばがいるのだ。十分エネルギッシュで体力をもてあますそんなばぁばは、娘から奪った孫を、今度こそ失敗させまいと調教し、塾や音楽のレッスンに惜《お》しみなくお金を使うのである。

あなたは誰に対して抵抗すればいいのだろう。ママはあなたのことを見てはいない、ばぁばの視線に怯《おび》えているだけだ。「ママは私のママじゃない！　ばぁばの娘をずっとやってきただけでしょ！」と思い切って訴えたとしても、ママはおそらく「ごめんね」というだけで変わらないだろう。あなたはきっと、ママを苦しめたことで罪悪感を抱くだけだ。そんなママは果たして抵抗の対象になるのだろうか。

ばぁばに対して、「ママで果たせなかった夢を託《たく》さないでほしい」と訴えたらどうだろう。たぶん鼻先で笑われるのがオチだ。さもなくば、明るい口調でこう言われるだろう。

「はいはい、わかりましたよ。ちょっと疲れてるだけよ、少し塾を休んでみれば？　一泊くらい旅行に行ってみる？　別荘も空《あ》いてるしね」

たぶん、ばぁばは裏でママに文句を言うだろう。直接言えばいいのに、なぜあなたは娘にあんなことを言わせるのか、いつまでたっても卑怯《ひきょう》なところは変わらないわね、と。何に抵抗しても、最後はママにしわ寄せがいくという構造は変わらない。

強大なばぁばは、強大なママより手ごわいことがわかっただろうか。そんなあなたには、時間を稼《かせ》いでもらいたい。なんならばぁばの期待どおりの成績を上げるなりしながら、成人にまで漕《こ》ぎつけよう。あなたが期待通りのコースを歩めば、ママもばぁばからの評価を得ることができる。ばぁばはますますそんなあなたの所有につとめようとするかもしれないが、二十歳を過ぎたあなたは知力も体力も大きく得ているだろうし、ばぁばは逆だ。完全に形勢《けいせい》逆転とはいかないかもしれないが、ばぁばの期待をある程度実現したことで、ママに最大のサービスをしたことになる。それでもう十分ではないだろうか。ばぁばに支配されたままの人生だって、結局はママの責任なのだと思える時がくるはずだ。

ばぁばの研究？

ここまで書いてきたことは、すべて「ばぁば恐るべし」という一点に集約される。

たしかに、電車に乗ればわれ先に空いた座席を三つくらい確保するし、丸っこい体にちょこんと登山帽をかぶり、全体の服装をくすんだ色で統一した一群の高齢女性たちは、どこか見くびられがちだ。でも、それではまずいのだ。

なぜばぁばはこわいのか。

彼女たちは、決してあきらめてはいない。年を取るとね……、をつねに枕言《まくらこと》葉《ば》にするものの、決して人生をあきらめてなんかいないのだ。かいがいしく孫の面倒を見る姿は、一見、この上なくいいひとのようだが、そこにうごめいているのは、ばぁばあるあるで描いたとおりである。

長生きすればするほど、それまでの人生の澱《おり》は溜《た》まり、濃縮《のうしゅく》されていく。彼女たちにとって孫は、カウントダウンが始まったおのれの人生の最後の救いなのだ。自分の死後もこの世界を生きていく、生命力に満ちた小さな存在。すべすべとしていい匂《にお》いのする体、好奇心に満ちたまなざし、ひたすら目の前の物で遊ぶ現在（いま）しかない姿。いま・ここで、という「マインドフルネス」そのものが孫なのだ。ばぁばはシミの浮き出た手で孫を撫でるたびに、そこから永遠の命のエキスを吸い取ることができる、そんな気がしているはずだ。

肩透《かたす》かしのようだが、ばぁばは、だから研究する必要はない。ママよりもはるかに美名《びめい》に粉飾《ふんしょく》された存在であるばぁばは、その恐ろしさを知っておくだけで十分だ。

ばぁばは怖い、ばぁばを侮《あなど》ってはいけない。

白ばぁばと黒ばぁば

こわいこわいばぁばについて述べてきたが、そうじゃない、私のばぁばは違う、あるいは、孫はいるけど私は違う、と思う人もいるだろう。ここで少し補足しよう。

ヨーロッパに魔女《まじょ》伝説があることはご存じだろうが、害悪をもたらす妖術《ようじゅつ》を使わない「白魔女」がおり、民衆からは信頼されていたと言われている。本書でも、こわいばぁばを黒ばぁばと呼ぶならば、ちゃんと白ばぁばもいることを強調しておきたい。

そもそもばぁばの存在価値はどこにあるのだろう。ばぁばは加齢によって生《せい》殖《しょく》機《き》能《のう》を失っているので、子どもを妊娠・出産できない。多くの哺《ほ》乳《にゅう》類《るい》のメスはその段階で死ぬことになる。にもかかわらず人間だけがそれからも長く生きるのはなぜか。先述《せんじゅつ》の山極寿一氏の「おばあちゃん仮説」とは、娘が親になった際の子育てを助けるためではないか、というものだ。

すでに述べたように、ばぁばたちはこの仮説を証明するかのように見える。でも、そこには育児への「責任がない」点を忘れてはいけない。育児の責任はあくまで親にあり、ばぁばにはない。この気楽さは、表側から見れば無償《むしょう》の愛だが、裏側から見れば無責任となる。そしてこの責任のなさが、白ばぁばになるか黒ばぁばになるかの分岐点《ぶんきてん》となる。

白ばぁばになれる条件は、「おばあちゃん仮説」どおり、ママの育児の補助、ママの育児の支援《しえん》を行うことである。

孫から見れば、ママにできないことをやってくれるのがばぁばであるが、決してママの代わりではない。ママなら叱《しか》られるに決まっているので怖くて言えないことでも、ばぁばはニコニコして聞いてくれるかもしれない。ママからほめてもらってなくても、ばぁばは「いい子だね」といつもいつもほめてくれる。このことだけでもばぁばはすばらしいし、存在価値がある。ママの補助・支援者としてばぁばがいるだけで、あなたたちはとっても安心できるだろう。たとえばママが病気になった、パパとママがとっても険悪《けんあく》でママがイライラしている、といったときでも、ちゃんと私にはばぁばが居ると思えれば、それだけでも夜は安心して眠れるかもしれない。

いざというときのシェルターみたいな存在ともいえる。ふだんは活用することがなくても、防災《ぼうさい》グッズが完備されていれば、それだけで安心なように。

このように、ママの支援者、ママの補助者、ときにはシェルターや防災グッズの役割を果たすのが白ばぁばなのだ。

では、黒ばぁばはどこが違うのか。それはママそのものになろうとして、ママと敵対関係になるかどうかだ。魔女はどうがんばっても、白であっても黒であっても決して人間にはなれないのに、あるとき人間になろうとすることがある。それは、ばぁばがママになれないのにママになろうとする、ママを否定する存在として君臨《くんりん》しようとするのと似ている。あなたのママになろう、ママなんか排除《はいじょ》してしまおうと思ったとき、ばぁばは黒ばぁばになってしまうのだ。

全国のばぁばたちには、黒ばぁばになってはいないかを振り返ってみてほしい、そしてもし思い当たる節《ふし》があったなら、ぜひとも白ばぁばになってもらいたい。それは、未来を背負うあなたたちのために、である。

＊山極寿一『家族進化論』（東京大学出版会、二〇一二年）

増補新版のためのあとがき

二〇一〇年に出版された当時から、本書は幅広い年齢層の女性たちに読まれてきた。

彼女たちは口々に語った。「この本を小学生のときに読んでいれば、こんなに母との関係で苦労することはなかった……」と。

母親のことを重い、苦しいと感じ、なぜなのかと思いを巡《めぐ》らせる多くの女性にとって、子どものころに母親を研究することなど思いもつかなかっただろう。

学校でもそんなことを教えてくれなかったはずだ。彼女たちの言葉を聞きながら、遠い少女時代に戻って読んでくれたことをありがたいと思いつつ、二十年前に本書を著せていたらと、少し口惜《くちお》しくもなった。そして改めて気づいた、娘に母親を「研究」するように勧《すす》める本は、史上初めてなのだと。

自分を研究したり、自分の病気を研究する本はたくさん出版されているが、おとなになる前に、少女が母親を研究するための本は他にはない。その後「ザ・パパの研究」が加わり、発刊から九年経って「ザ・ばぁばも研究」を装備した増補新版として、このたび刊行されることになった。これぞまさに母親研究の最強本である。

母親を責めたり、恨んだり、否定したくなる娘たち、どうしてわかってくれないのかと絶望し、同じ空気を吸うこともできなくなる娘たち。しかし、最強のアイコンである「母親」に立ち向かえば、娘など一瞬のうちに吹き飛ばされてしまう。いくら「毒母《どくはは》」だと言い募《つの》っても、世間の常識、家族愛・絆《きずな》の象徴《しょうちょう》である無敵の母親には対抗できるはずがない。まるで象《ぞう》と蟻《あり》のようだ。

なんとか押し潰《つぶ》されず、母から距離を取るためには、娘たちがつながらなければならない。つながるとは、まず「自分だけではない」と知ることだ。そして、「母親研究」をすることだ。

研究は母親を対象化することであり、ドローンのように斜め上から俯瞰《ふかん》することである。この視点、この位置を獲得《かくとく》することで、これからの長い人生を、少しだけ母から解放されて生きていけるはずだ。

少女から高齢女性まで、母との関係に苦しむすべての女性にとって、本書は人生必携《ひっけい》のテキストである。あなたの中にひそむ少女の目で、苦しいときにはいつも本書のページを繰ってほしい。

女性たちは誰もが、いくつになってもこころの中に少女を持ち続けている。男性は公然と「僕はいくつになっても少年だ」と誇《ほこ》らしげに語るが、女性たちも、わざわざ公言する必要はないが、そのことをしっかりと忘れないでおこう。

なぜなら、父・母・兄・姉などから成る家族を、まるで波打ち際《ぎわ》から遠くの山を見上げるように透徹《とうてつ》して見つめているのは、いつも少女だからである。

二〇一〇年からずっと本書の企画・出版、そしてリニューアルに伴走《ばんそう》し続けてくださった新曜社の清水檀さんには心より感謝を述べたい。目のくらむような装丁もラジカルで硬派《こうは》な内容にはぴったりである。

二〇一九年四月　信田さよ子

谷川俊太郎《たにかわしゅんたろう》さんからの四つの質問《しつもん》への信田《のぶた》さよ子《こ》さんのこたえ

「何がいちばん大切ですか？」

健康です。ついにそう考えるようになりました。

「誰がいちばん好きですか？」

秘密です、というかしょっちゅうくるくる変わります。

「何がいちばんいやですか？」

嫉妬《しっと》です。されるのも、するのも死ぬほどいやです。

「死んだらどこへ行きますか？」

どこにも行きません。

たぶん、その辺をぷかぷかと漂っているでしょう。

信田 さよ子（のぶた・さよこ）1946年岐阜県生まれ。公認心理師。臨床心理士。原宿カウンセリングセンター所長。お茶の水女子大学文教育学部哲学科卒業。同大学大学院修士課程修了。アダルトチルドレン、アルコール依存症、摂食障害、ドメスティックバイオレンス、児童虐待などの問題に精力的に取り組む。また、数多くのカウンセリング経験から、母と娘の間に生じる根深い問題をはじめ、家族間に生じるさまざまな問題を、社会および歴史的な構造との関係性の中で分析すると同時に新たな家族のあり方を探り、提示し続けている。著書に、『DVと虐待――「家族の暴力」に援助者ができること』（医学書院、2002）『母が重くてたまらない――墓守娘の嘆き』『さよなら、お母さん――墓守娘が決断する時』（ともに春秋社 2008、2011）『父親再生』（NTT出版、2010）『共依存――苦しいけれど離れられない』（朝日文庫、2012）『カウンセラーは何を見ているか』（医学書院、2014）『加害者は変われるか？―― DVと虐待をみつめながら』（ちくま文庫、2015）『アディクション臨床入門』――家族支援は終わらない』（金剛出版、2015）『家族のゆくえは金しだい』（春秋社、2016）、『母・娘・祖母が共存するために』（朝日新聞出版、2017）ほか多数。共著書に、『虐待という迷宮』（上岡陽江、シャナ・キャンベルと、春秋社、2004）『結婚帝国』（上野千鶴子と、河出書房新社、2011）など。

増補新版　ザ・ママの研究

2019年5月15日　初版第1刷発行

よりみちパン!セ
YP10

著　者　信田 さよ子

発行者　塩浦 暲

発行所　株式会社　新曜社

101-0051　東京都千代田区神田神保町 3-9
Tel: 03-3264-4973　Fax: 03-3239-2958
e-mail: info@shin-yo-sha.co.jp
URL: http://www.shin-yo-sha.co.jp/

装画・挿画　100%ORANGE／及川賢治

ブックデザイン　祖父江 慎＋根本 匠（cozfish）

印刷・製本　中央精版印刷株式会社

Printed in JAPAN ISBN 978-4-7885-1615-1 C0095

本書は、2010年、理論社より刊行された同名書籍に増補を加えたうえ再構成し、新装版として刊行したものである。